公路工程设计管理与施工养护

吴晓静　张集州　李增杰　主编

延边大学出版社

图书在版编目（CIP）数据

公路工程设计管理与施工养护 / 吴晓静，张集州，李增杰主编. -- 延吉 : 延边大学出版社，2023.5
ISBN 978-7-230-04896-5

Ⅰ. ①公… Ⅱ. ①吴… ②张… ③李… Ⅲ. ①道路工程－工程设计②道路工程－设备管理 Ⅳ. ①U412②U415.5

中国国家版本馆CIP数据核字(2023)第087913号

公路工程设计管理与施工养护

主　　编：吴晓静　张集州　李增杰
责任编辑：李　磊
封面设计：文合文化
出版发行：延边大学出版社
社　　址：吉林省延吉市公园路977号　　　邮　　编：133002
网　　址：http://www.ydcbs.com　　　　　E-mail：ydcbs@ydcbs.com
电　　话：0433-2732435　　　　　　　　传　　真：0433-2732434
印　　刷：三河市嵩川印刷有限公司
开　　本：710×1000　1/16
印　　张：12.5
字　　数：200 千字
版　　次：2023 年 5 月 第 1 版
印　　次：2023 年 5 月 第 1 次印刷
书　　号：ISBN 978-7-230-04896-5

定价：60.00元

编 写 成 员

主　　编：吴晓静　张集州　李增杰

副 主 编：李友胜　张志勇　张秀然　王超超

　　　　　高洪江　宋　伟　赵亚东

编写单位：河南中原公路勘察设计有限公司

　　　　　烟台市龙口公路建设养护中心

　　　　　山东省交通规划设计院集团有限公司

　　　　　山东金路交通实业有限公司

　　　　　山东万泰工程咨询有限公司

　　　　　昌邑市市政工程建设有限责任公司

　　　　　内蒙古东昊建设集团有限公司

　　　　　河南中鼎钢结构工程有限公司

前　言

公路桥梁是运输建设的关键所在，因此公路桥梁质量直接决定了交通运输的安全性和效率。为了保证运营过程的顺利进行，对公路桥梁的设计管理与施工养护是重中之重。近几年，随着经济的高速发展，公路建设也飞速发展，因此我国公路交通的流量也越来越大，并且车辆超载、超速的现象也层出不穷。大吨位的车辆逐渐超出了我国公路桥梁的承受范围，这就使得我国的公路桥梁受到了严重的伤害，加大了交通事故的发生率，危及人们的生命财产安全。为了保证交通运输过程的通畅性，保护人们的生命财产安全，加强对公路桥梁的养护及维修是必要的。我国早期修建的公路桥梁，由于当时技术落后、材料短缺、养护维修设施不够先进、管理不当等，在交通运输中存在安全隐患。

因此，为了保证公路桥梁的长期使用，将危险性降到最低，需要定期对公路桥梁进行养护与维修，从而避免交通事故的发生，保证交通运输的通畅性和安全性。如今，我们的生活发展已经离不开交通运输，而经济的发展、运输量的增加以及安全要求的提高，反过来又促进公路桥梁养护及维修质量的提升和措施实施度的提高。需求与建设相互促进，保证了维修工作的进一步完善。

《公路工程设计管理与施工养护》一书共分六章，该书由河南中原公路勘察设计有限公司高级工程师吴晓静、烟台市龙口公路建设养护中心工程师张集州、山东省交通规划设计院集团有限公司高级工程师李增杰担任主编。其中第三章第一节、第二节、第三节、第四节，第四章，第五章第三节，以及第六章第一节、第二节由吴晓静负责撰写，字数 8 万余字；第二章第五节、第六节，第五章第一节、第二节，以及第六章第三节、第四节、第五节由张集州负责撰写，字数 6 万余字；第一章，第二章第一节、第二节、第三节、第四节，以及第三章第五节由李增杰负责撰写，字数 5 万余字。副主编由山东金路交通实业有限公司李友胜、山东金路交通实业有限公司张志勇、山东金路交通实业有限公司张秀然、山东万泰工程咨询有限公司王超超、昌邑市市政工程建设有限责任公司高洪江、内蒙古东昊建设集团有限公司宋伟、河南中鼎钢结构工程有限公司赵亚东担任，负责全书统筹，为本书出版付出大量努力。

　　本书在编写过程中由于时间仓促，加之编写者水平有限，难免有一些疏漏和不足之处，希望广大读者给予批评指正，对此编者不胜感激。

笔者

2023 年 2 月

目　　录

第一章 公路工程设计

第一节 公路及公路运输

一、我国公路发展概况

我国是一个历史悠久的文明古国，道路运输远比西欧各国发展得早。早在几千年前轩辕氏就开始造舟车；秦始皇统一六国后，为了巩固政权和便利商贾，开始修建气势宏伟、纵横国内的道路网。

秦朝之后的各个封建朝代，都在道路交通方面采取了必要措施，进行了有限扩充，但是由于封建统治对生产力的束缚，我国道路事业发展较为缓慢，交通运输工具也少有改进，长期停留在人力、畜力拉车的水平。

20 世纪初，我国开始从发达工业国进口汽车，起初这些汽车只是行驶在上海等大城市的街道上。1913 年，湖南省修建了从长沙至湘潭的公路，揭开了我国交通运输史上公路与汽车运输的新篇章。到新中国成立前夕，全国共修建了13 万千米的公路，其中大多数分布在沿海和中心地带，广大山区和偏远的落后地区仍处于人畜力运输阶段。那时的公路不仅数量少，而且技术标准低，工程质量差，再加上战争因素，能勉强维持通车的公路不到 8 万千米，其中高级、次高级路面仅有 315 千米，且当时我国汽车保有量也只有 5 万辆。

新中国成立以来，党和国家对发展公路运输予以了应有重视，交通运输事业有了很大的发展。解放初期，公路建设的重点地区是西南、西北及其他大山区和少数民族地区，1954 年举世闻名的川藏、青藏公路全线通车。20 世纪 60

年代中期，许多省区就已初步建成了地方公路网，省会之间的干道也基本开通。20 世纪 80 年代中期，我国开始修建高速公路。

从 1984 年底我国开始修建第一条高速公路——上海—嘉定高速公路，到 1994 年，我国相继建成了广佛、沈大、京津唐、西临、济青等一批高速公路。经过几十年的努力，全国 220 多个县市全部通了公路，93%以上的乡和 70%以上的村通了公路和汽车，形成了一个以北京为中心，与各大城市、省会及沿海经济开发区相连的四通八达的公路网。

截至 2016 年底，长江从上海至宜宾江段共建成 89 座长江大桥（含长江隧道）。如今，无论是长江天堑、黄河南北，还是我国许多其他的大江大河两岸，过去那种"隔河如隔天，渡河如渡险"的情况已经成为历史。

2018 年 12 月 28 日，随着龙（川）怀（集）和仁（化）博（罗）两条高速公路建成通车，广东省又新增了 2 条出省通道，也使广东省高速公路通车里程达到了 9 002 千米。至此，我国高速公路总里程突破 14 万千米。

二、公路的组成部分

公路的组成是指在一般情况下公路工程包括的内容。实际上，公路的组成对不同等级的公路在不同的条件下有很大的出入。以汽车停车场为例，在汽车数量不多的地方，可以不必设置；而在汽车数量多的地方，则很有必要设置停车场。在公路设计中，应当通过现场的调查研究来确定公路的组成。

（1）路线。指公路中线的空间线形，包括平面、纵断面和横断面三部分。三部分合成一个整体，从整体上说，路线必须合乎技术、经济和美学上的要求。

（2）路基。是公路线型建筑物的主体，也是路面的基础，包括土石方工程、排水工程和防护工程等。土石方工程是常见的路基工程，而排水工程在任何地形下都是必要的。对于沿溪线公路和在地形险峻的山区建造的公路，防护工程如挡土墙、护坡等是特别重要的。

（3）路面。包括各种类型的路面。路面是公路的行车部分，路面工程的质量和造价有极大的重要性。

（4）桥梁、涵洞。包括各种形式的大、中、小桥，涵洞，漫水工程，过水路面，等等，公路桥梁常常是公路上雄伟壮观的人工构造物。

（5）隧洞。包括隧道、明洞和半隧道。公路隧道有突出的优点，既有利于缩短公路里程又有利于国防上的隐蔽。

（6）其他工程及沿线设施。包括交叉口（平面交叉、环形交叉、立体交叉）、交通标志、道路照明、安全设施（护栏、护柱）、标志牌、里程碑、沿线房屋、绿化设施及渡口码头等。

应当指出，现时公路的绿化设施已受到普遍的重视，但是要注意对绿化设施的要求。绿化设施的作用是巩固公路建筑物和美化环境，在任何情况下都不能妨碍交通，特别是有碍于汽车的行车视距。

高速公路上必须有沿途的服务设施，如加油站、应急电话、停车场、饭店、旅馆等。

三、公路运输的概念与特点

（一）公路运输的概念

公路运输是构成陆上运输的两种基本运输方式之一。所谓公路运输是指以公路为运输线，利用汽车等陆路运输工具，做跨地区或跨国的移动，以完成货物位移的运输方式。它是对外贸易运输和国内货物运输的主要方式之一，既是独立的运输体系，也是车站、港口和机场物资集散的重要手段。中国公路运输能力和水平都有了很大提高，公路交通在国民经济中的基础性地位和作用显著增强，对经济发展和社会进步的推动作用越来越大。

（二）公路运输的特点

目前，公路运输在国内外已相当普及，概括起来，有下列几个特点：

（1）公路运输是通过汽车交通进行的，而汽车是机动灵活的，它可以直接从"门"到"门"，从产地到市场，从仓库到仓库。

（2）公路运输和铁路运输、水路运输、航空运输和管道运输等一样是一种运输方式，但是它是应用最广泛的一种运输方式，同时它在各种运输方式中处于沟通联系的地位，做其他运输方式中的旅客、货物的集散工作。

（3）公路是城市与农村之间的纽带，公路运输把工业品运到农村，把农产品运进城市，它承担"面"的运输工作。我国农村人口占比较大，农业地区比较广大，在农业地区内公路是大有发展前途的。

（4）在巩固国防、发展经济、促使各族人民团结、促进文化交流等方面，公路发挥着重要的作用。

四、汽车交通问题

早在 1921 年，随着汽车交通的日益发展，美国就有人为了减少行车阻塞和保证行驶安全而研究交通问题。那时，人们对汽车交通一般是不在意的，在公路设计中不考虑汽车交通方面可能出现的问题。

而后，由于汽车数量激增，公路上交通阻塞等混乱情况日益增多。汽车交通带来的问题如交通事故、交通噪声、大气污染、环境恶化等日益受到人们的重视。这些方面有许多科学研究成果。学习公路工程的人，至少对安全问题应当有一定的认识。就公路路线设计而言，安全是第一位的要求，不了解行车安全是做不好路线设计的。

（一）安全问题

随着汽车数量的增长，安全问题越来越严重。在考虑交通安全问题时，首先要确保汽车行驶速度不能过快，同时对汽车驾驶员要有严格的要求。

公路的技术标准是由设计车速决定的。即使没有干扰，汽车行驶速度过快也可能会导致交通事故。更重要的是，汽车是由驾驶员驾驶的，交通安全问题的发生与驾驶员有很大的关系。

许多国家都认为，驾驶员人选应受到特别的重视。已有资料说明，大多数事故与驾驶员的失误有关。驾驶员的品德、受教育程度和技术水平应受到重视。

对于公路设计人员来讲，必须注意下列几点：

（1）交通标志对行车安全关系特别大。新修的等级较高的公路上，必须设置各种交通标志，如指路标志、指示标志、管制标志、警告标志等。在易出事故的地点、铁路与公路平面交叉道口上、复杂的平面交叉口上等处，也必须设置必要的标志，汽车驾驶员可随时通过这些标志，得到必要的信号和资料。交通标志的费用应该列入新修的公路工程预算。

（2）视距的保证对于行车安全是根本性的。对于汽车驾驶员来讲，没有足够的视距就只能低速行驶。公路的平面设计、纵断面设计等，都要充分考虑视距问题，可以说这是一项根本性的要求。在所有公路上，不允许存在任何妨碍行车视距的设施。

（3）车辆滑溜是一个安全上的严重问题。为此，路表面与汽车轮胎之间应有足够的摩擦力，即不仅在干燥时有较高的摩擦系数，潮湿时也要有较高的摩擦系数。

（4）应当避免长直线与小半径曲线相连接的线形设计。汽车在长直线上行驶时，车速会提高，如果突然遇到小半径曲线，就可能发生交通事故。

（5）在山区公路上地形险峻的地方，要设置护栏。在桥隧两端路线上，要竭力避免采用小半径曲线。在立体交叉路线上，要使跨线桥的桥墩远离下线的行车道，以免发生交通事故。

这些情况说明，"安全"是公路设计的第一位要素。

（二）行驶速度和交通量

汽车行驶速度和交通量（单位时间内在公路上某一断面通过的车辆数）之间有复杂的关系。当公路上车辆很少时，可提升速度行驶，此时限制车速的条件是公路的线形和路基、路面的状况。当车辆数目增加时，限制车速的条件就逐渐变为其他车辆，这时车速在逐渐减小，而交通量却在逐渐增长。到达临界状态（对于小客车而言，车流临界速约为 50 km/h）时，交通量为最大值；以后车辆数目再增加，不但车速不断下降，而且交通量也不断下降。这种停滞状态可以发展到车速为零，即到达车流停止的地步。

就公路运输而言，要设法避免在一个车道上有过多的汽车而产生停滞状态，同时应提升交通量和运输效率。就车流而言，单纯追求车速，既不可能也没有必要。就运输效率而言，当行车车速接近临界车速时，交通量才是比较大的。明确这一点很重要。在讨论车速和交通量之间的关系时，着眼点要放在运输效率上。

就运输效率而言，当车速超过临界车速以后，车间净距就会不断增大，从而导致交通量不断减少，车流的运输效率就会不断降低。

在车速和交通量这部分，应当了解：

（1）研究的目的是提高车流的运输效率。从这个目的出发，车速既不是越快越好，也不是越慢越好，而是接近临界车速比较好。

（2）在研究运输效率时，可以把这种临界状态下的交通量称为公路的通行能力（单位时间内公路上某一断面能通过的最大车辆数）。在处理实际问题时，可以使用公路的实际通行能力或服务交通量来进行描述。一段公路的实际通行能力或服务交通量应当通过实际观测来具体决定。由于公路上有行人、自行车、平面交叉口等的干扰，所以理论上通行能力只能适用于假定的条件之下。

（三）行人、自行车的干扰

汽车行驶时常受到行人、自行车的干扰，这是虽然有时车速很低但仍然会产生交通事故的原因。

在路段上，行人应当按"各行其道"的交通规则在路肩上或人行道上行走，不得随便横穿车行道。

在平面交叉口，行人应当通过人行横道穿过行车道。汽车通过人行横道时，不得快速行驶，更不得冲撞行人。这种行人与汽车平面交叉的处理方法，在行人和汽车的交通量不大的时候是适用的。当然，行人交通与汽车交通相互干扰的情况仍然是存在的。

在人流和车流都大的时候，这种平面交叉的处理方法就不适用了。事实上，车流与人流可以在立面上完全分开。通过设置天桥或地道，不仅可以使车流与人流完全分开，互不干扰，而且可以极其有效地减少安全事故。

处理自行车问题的有效做法是明确地划出自行车道。可以在路面上用划线的方法分出汽车道和自行车道。在平面交叉口上也划出自行车道。

国外已有研究资料表明，设置自行车道是大有好处的。骑自行车的人认为自行车道能使骑行更加安全，既降低了自行车驶进汽车道或汽车驶进自行车道的概率，又减少了汽车与自行车发生冲撞的机会。

必须认识到，自行车有能源消耗极少、有一定行驶速度和有益于身体健康等优点。骑自行车的人和汽车驾驶员都渴望减少甚至消除自行车与汽车冲突事件的发生。重要的是在自行车数量大的路线上，划出自行车道和设置好自行车的停车地点，并在上下班的时间里对汽车行驶路线作出规定。

（四）交通管理的必要性

车辆种类的复杂性，运输起点和终点的多样性，路况的多变性以及行人、自行车的干扰等因素，使公路运输成为一项复杂的工作。如果不加强交通管理，就无法提高运输效率和减少安全事故。

在路线交叉口上加强交通管理特别有必要。合理地使用环形交叉、红绿灯信号、立体交叉，可以提高运输效率和保障行车安全。合理且及时地设置环形交叉、红绿灯信号、立体交叉可以看作交通管理的手段。

有些城市规定：载重汽车只能在环城公路上行驶，不得进入城内。这条规定能使城区交通情况大为改善。这是通过规定汽车的行驶路线来加强交通管理的。

交通管理的方法可以是多种多样的，但是，应该肯定的是，对于复杂的公路运输，加强交通管理是完全必要的。否则交通事故就会多发，从而导致运输效率低下。

在公路设计中应当为加强交通管理作充分的准备。交叉口设计、交通标志设置，在自行车多的地段划出或另设自行车道，在行人多的地点设置天桥或地道，等等，都是公路设计中重要的内容。

第二节　公路平面设计

一、公路选线

早期的公路时常沿着旧的大道修建。在地形有曲折和起伏的地方，往往平曲线半径很小（急弯），而且纵坡很大（陡坡）。在地形平坦的地方虽有较好的线形，但长直线与小半径曲线相连接又存在一定的缺点。这些缺点与测设方法有关，特别是与曲线敷设方法有关。

新中国成立以后，我国在山区公路路线测设中，积累了十分丰富的经验。如在举世闻名的川藏公路上，测设的经验和教训是很有价值的，为我国山区公路的建设提供了宝贵的数据。我国约有 2/3 的国土面积是山区，公路建设对山区发展是特别重要的。

近代公路的线形不仅要满足最低标准的要求，而且要有合理的曲率、坡度和其他线形要素，使行车安全方便，在可能的条件下与环境相协调。

公路测设要以《公路工程技术标准》（JTG B01-2014）（以下简称《新标准》）为准绳。在路线测量之前必须明确公路等级、设计车速、最大纵坡、横断面尺寸等技术指标，同时对未来的交通量，车辆特点、每日交通密度的分布等项目要有清楚的预计。此外，对可用的资金情况也要有所了解。

航空测量是现代公路测设工作的新技术。航空测量通常用飞机在路线上空拍摄并制成较大比例的航测照片。这种航测照片通过双目放大镜能够呈现出使人有立体感的图像，从中可以看出地面上的房屋、森林、地形、排水情况和沟渠边坡等。这项技术不仅对选定路线有用，而且对公路网规划、线形设计、路界确定、交通调查、路基排水、土壤分类、土方工程估计、筑路材料调查、现有路况调查等都是有用的。这项技术还有助于提高测设工作的质量和效率。

在公路路线测设中，明确路线上的控制点是十分重要的。首先是交通线上的控制点，这是路线必须经过或靠近的城市或旅游地点，它们是由路线性质和经济调查结果决定的。这些交通控制点构成了路线总方向。其次是自然条件上的控制点，如越岭线上必须通过的垭口，跨越大河的桥位，石方集中地点的路线通过处，需要避开或通过泥沼、软土地带的地点，等等。还有一些是人为设施提供的控制点和控制高程，如水库附近的路线通过处、水田的高程、原有的道路和不能拆除的建筑物的平面位置和高程等。实际上，明确了路线的控制点和控制高程就大体上决定了路线的空间位置。

（一）平原区选线

平原区除了指一般平原，还包括山间盆地、高原等平坦地形。其特征是：地面起伏不大，一般自然坡度在 3° 以下；除泥沼地、草原、沙漠、戈壁等外，有农田、城市、村庄、道路、水系、河网湖泊、水塘等地物较多的特点。

在平原区选线，地形上的问题不大，弄清楚了控制点，如桥位、水田，及不能拆除的建筑物等项目，再加上对路线顺直、短捷的要求，就不难选定路线。

然而，在平原区选线时仍然需要考虑一些问题：如占用田地、农田灌溉、绕避障碍物、争取良好视距等。其中较普遍的问题是如何正确处理路线与农田的关系。通常，在平原区公路修建的预算中，征地费用是一个很大的数字。此外，在平原区选线时要十分重视公路路基的稳定问题。

总之，平原区选线应尽可能采用较高的技术指标。平面线形既不应片面追求长直线，也不应无缘无故转弯。在避让局部障碍物时要注意线形的舒顺。

（二）丘陵区选线

丘陵是介于平原和山岭之间的地形，其特征是宽脊低岭、山丘连绵、分水岭多、垭口不高，可能的路线方案相当多，要多看、多比较才能选好。丘陵区根据地形起伏轻重不同和对路线布设的限制程度分为重丘区与微丘区两类。前者近似于山岭地形，技术指标与山岭区大致相同，后者近似于平原地形，技术指标则近似于平原区。但是丘陵区毕竟有它本身的特点，在选线方面，应按丘陵区地形分布规律进行分析，寻求合理的方案。

微丘区选线应注意利用地形协调平、纵线形的组合。既不要过分迁就微小地形，造成不必要的曲折线形，也不要过分追求直线，造成不必要的起伏线形。

重丘区地形起伏较大，采用技术指标的活动余地较大。选线应综合考虑平、纵、横三者的关系，恰当地掌握标准，以提高线形质量。一般应注意以下三点：①路线应充分随地形的变化而布设。在注意路线平、纵面线位选择的同时，应注意横向填挖的平衡。横坡较缓的地段，可采用半填半挖或填多于挖的路基；横坡较陡的地段，可采用全挖或挖多于填的路基。要注意纵向土石方平衡，以减少借方和废方。②应综合考虑平、纵、横三个面，不应只顾纵坡平缓，而使路线弯曲、平面标准过低；或者只顾平面顺直，而使纵坡过于起伏；或者只顾平面顺直、纵坡平缓，而造成高填深挖、工程量过大；或者只顾工程经济效益，过分迁就地形，而使平、纵面过多地接近极限指标。③冲沟比较多的地段，一、二级公路可考虑采用高路堤或高架桥的直穿方案；三、四级公路则一般多采用绕越方案。在比较路线方案时，一定要注意交通控制点的要求，远离路线总方向的方案、过分延长路线长度的方案都是不能采用的。

（三）山岭区选线

在山岭区选线时有一些复杂的情况。

1.沿溪线

当交通控制点是在同一水流一岸或两岸的时候，采用沿溪线比较好，这样可使纵坡平缓、线形顺直，只是桥涵孔径较大。山岭区内公路系统与水系一般是结合的，沿溪线公路是经常采用的方式。

在沿溪线选线中通常要考虑河岸选择、线位高低和跨河换岸等问题。

路线应选在地形宽坦，有阶地可利用，支沟较少、较小，水文及地质良好的一岸；积雪和冰冻地区，尽可能选在阳坡和迎风的一岸；一般应选在村镇较多、人口较密的一岸，以方便群众。

路线一般以低线为主，但应特别注意做好洪水水位的调查工作。为了防止水毁，路线标高必须高于河水最高洪水位 0.5 m 以上。

在跨越河流时，应慎重选择跨河桥位，处理好桥位与桥头路线的关系。

沿溪线通过陡岩路段，可采用局部提高路线的方案，但应注意过渡段路线平面上顺直、纵断面纵坡变化均匀；同时应注意废方堵河、改变水流方向和抬高水位的影响。

路线遇到突出的山嘴时，可考虑采用深路堑或隧道方案。对河道迂回的路段，可考虑改河方案以提高路线的技术标准。

但是，当交通控制点是在山岭的两侧时，就不能总采用沿溪线，而应及早升坡。

2.山腰线

山腰线可以是沿溪线的局部升高，也可以是越岭线的一部分，在任何情况下路线都必须设置在平缓、稳定的山坡上。

3.山脊线

在合乎路线总方向的条件下，沿分水岭布设的路线为山脊线。

分水岭方向顺直、起伏不大时，各个垭口均可为控制点；地形复杂、起伏较大，且各垭口高低悬殊时，以低垭口作为控制点。当分水岭宽阔、起伏不大时，路线以设在分水岭顶部为宜。如分水岭顶部起伏大，可以将路线设在两侧山坡上。应选择坡面整齐、横坡较缓、地质情况良好的一侧。

山脊线有一个突出的优点就是排水情况十分良好，排水结构物可以少用。

山脊线也是有缺点的，如它远离居民点、受自然条件（云、雾、冰雪）影响较大、缺少筑路材料及水等，因而山脊线的采用是有限的。

4.越岭线

当交通控制点在山岭的两侧，如不采用隧道方案，就必须布设越岭线。越岭线是以纵断面为主导的，选线时应处理好垭口选择、过岭标高和垭口两侧路线展线方案三者的关系。

越岭线的测设可以分为两步："自上而下"和"自下而上"。"自上而下"即从路线必须经过的垭口，以5%～5.5%的平均纵坡向下放坡，这时高瞻远瞩，易找到平缓稳定的山坡，所设置的转角点组成的路线轮廓正确。然后，"自下而上"充分利用局部有利地形，修正已设置的转角点，并进行路线测量。

越岭线高差主要是通过垭口两侧山坡上的展线来克服的，因此要充分利用有利地形，使路线顺畅。路线的方向可随地形变化，但必须符合总方向。但是，如果越岭线只是在范围很小的山坡上展线，那么回头弯道必然多，线形必然差，路基稳定性不好，行车不便，在国防上也极其不利。

在越岭线的测设中，今后要进一步考虑采用隧道方案的问题。隧道在山区公路上使用有很大的优点，路线长度可以大大缩短，纵坡可以大大减小，而且十分隐蔽。采用隧道一般会增加造价，但是同时减少了营运费用。有时由于隧道可以大大缩短路线长度，采用隧道有可能减少工程费用。因此，应在进行技术经济比较后，再决定方案的取舍。

二、公路平曲线

公路在平面上是由直线段和曲线段组成的。在设计中，公路两直线交点是用曲线平顺连接起来，这段曲线称为平曲线。

（一）平曲线的类别

公路设计的平曲线分为两类：单式平曲线和复式平曲线。单式平曲线是简单的或者单独的平曲线，有三种组成形式：①圆形平曲线，由一条圆曲线组成。②圆缓平曲线，由一条圆曲线和前后两条缓和曲线组成。③缓和曲线，是圆缓曲线的另一种情况，即平曲线当中的圆曲线长度为零时的圆缓平曲线。汽车在由直线与圆曲线组成的平面线形上行驶时，汽车前轮转向角由直线上的零急变到与半径相应的角或者反之由半径相应的角而急变到零，方向盘操作过急，对驾驶不利。另外，汽车行驶半径由直线上的无穷大急变为一定的半径，离心力激增或者急降，就会使汽车横向稳定性降低，影响到行车的舒适性。以上这些情况，在行车速度越快、曲线半径越小时，就越突出。所以，在布置平面线形时，应在直线与圆曲线之间加入平面线形缓和曲线，以保证行车的舒适性和稳定性。缓和曲线的形式有回旋线、双纽线、三次抛物线、多圆弧复合线等。

在路线受地形限制，两直线之间不能以单曲线相连时，由两条或两条以上的单式平曲线首尾相接，就形成复式平曲线。在地形或地物条件复杂的情况下，公路路线常采用这种形式。

我国各级公路平曲线半径有三个规定值，即极限最小半径、一般最小半径和不设超高最小半径（或称为推荐最小半径）。标准规范提出的技术指标的极限值或称临界值，就是在设计中必须遵守的规定值。

（二）平曲线是公路质量的重要技术指标之一

公路平曲线是鉴定公路工程质量优劣的重要技术指标之一，因此必须注意掌握。各级公路的最小平曲线半径的采用，宜尽量大于或等于表 1-1 各级公路最小平曲线半径的数值，以提高公路的使用质量。

表 1-1　各级公路最小平曲线半径

公路等级	汽车专用公路								一般公路					
	高速公路				一		二		二		三		四	
地形	平原微丘	重丘	山岭		平原微丘	山岭重丘	平原微丘	山岭重丘	平原微丘	山岭重丘	平原微丘	山岭重丘	平原微丘	山岭重丘
极限最小半径（m）	650	400	250	125	400	125	250	60	250	60	125	30	60	15
一般最小半径（m）	1 000	700	400	200	700	200	400	100	400	100	200	65	100	30
不设超高最小半径（m）	5 500	4 000	2 500	1 500	4 000	1 500	2 500	600	2 500	600	1 500	300	600	150

（三）平曲线上路面加宽

汽车，无论是拖挂、半拖车或者是无挂的单车，行驶在公路平曲线上时，其车轮将以不同的半径运动。汽车在平曲线上行驶时所需要的行车道宽度比在直线段上行驶时所需要的宽度大一些。所增加的宽度称为平曲线上路面的加宽值，目的是满足行车的需要。我国各级公路的路面加宽技术标准是在平曲线半径等于或者小于 250 米时，应在平曲线内侧加宽。双单道路面的加宽值规定如表 1-2 所示。

按表 1-2，四级公路和山岭、重丘区的三级公路，采用第 1 类加宽值，其余各级公路采用第 3 类加宽值。对不经常通行集装箱运输的半挂车的公路，可用第 2 类加宽值。

表 1-2　平曲线加宽表

加宽类别	轴距/m	半径/m								
		250~200	<200~150	<150~100	<100~70	<70~50	<50~30	<30~25	<25~20	<20~15
1	5	0.4	0.6	0.8	1	1.2	1.4	1.8	2.2	2.5
2	8	0.6	0.7	0.9	1.2	1.5	2	—	—	—
3	5.2+8.8	0.8	1	1.5	2	2.5	—	—	—	—

平曲线上路面加宽，一般设置在曲线内侧，当内侧加宽造成路基开挖工程量太大时，可考虑在曲线外侧加宽，或者内外侧各加一半值。但是这对于行车和路线线形都不利，不得已时才用。

路面加宽的同时，路基也要相应加宽。路面加宽后剩余的路肩，应保持一定的宽度。各级公路路肩宽度标准如表1-3所示。

表1-3　各级公路路肩宽度

公路等级（功能）		高速公路			一级公路（干线功能）	
设计速度（km/h）		120	100	80	100	80
右侧硬路肩宽度（m）	一般值	3.00 (2.50)	3.00 (2.50)	3.00 (2.50)	3.00 (2.50)	3.00 (2.50)
	最小值	1.50	1.50	1.50	1.50	1.50
土路肩宽度（m）	一般值	0.75	0.75	0.75	0.75	0.75
	最小值	0.75	0.75	0.75	0.75	0.75

公路等级（功能）		一级公路（集散功能）和二级公路		三级公路、四级公路		
设计速度（km/h）		80	60	40	30	20
右侧硬路肩宽度（m）	一般值	1.50	0.75	—	—	—
	最小值	0.75	0.25			
土路肩宽度（m）	一般值	0.75	0.75	0.75	0.50	0.25（双车道）
	最小值	0.50	0.50			0.50（单车道）

注：1. 正常情况下，应采用"一般值"；在设爬坡车道、变速车道及超车道路段，受地形、地物等条件限制路段及多车道公路特大桥，可论证采用"最小值"。2. 高速公路和作为干线的一级公路以通行小客车为主时，右侧硬路肩宽度可采用括号内数值。

一般在平曲线的圆曲线部分是全加宽段。在全加宽段的前后需要分别设置一段加宽缓和段（或称渐变段）。这个段一般设在紧接圆曲线起点、终点的直线段上。在地形困难地段，允许将加宽缓和段的一部分插入曲线，但插入长度不得超过加宽缓和长度的一半。

（四）平曲线上路面的超高

当平曲线半径小于不设超高的最小半径时，应在曲线上设置超高。所谓超高就是为了抵消车辆拐弯时产生的离心力的影响，在公路弯道处将弯道外侧车道升高，使内外车道构成向内侧倾斜的坡面。设置超高后，为了使行车部分从直线段的双面坡逐渐平顺地过渡到主曲线段的单向倾斜面，必须在平曲线的两端设置超高缓和段，以保证汽车在弯道上行驶的稳定性和安全性。

超高的横坡度按计算行车速度、半径大小、路面种类、自然条件等情况来确定。高速公路和一级公路的超高横坡度不超过 10%，其他各级公路不超过 8%。在积雪、寒冷地区，最大超高横坡度不宜大于 6%。当超高横坡度的计算值小于路拱坡度时，应设置等于路拱坡度的超高。超高设置在弯道的外侧。

第三节　纵断面设计

一、纵断面线形设计的一般原则

（1）应满足纵坡及竖曲线的各项规定（最大纵坡、最小纵坡、坡长限制、坡段最小长度、竖曲线最小半径及竖曲线最小长度等）。

（2）纵面线形设计应根据设计速度，在适应地形及环境的原则下，对纵坡大小、长短及前后坡段协调的情况、竖曲线半径的大小及与平面线形的组合等进行综合研究，反复调整，设计出平顺、连续的纵面线形。

（3）平面上直线路段在短距离内频繁出现凹凸起伏的纵面线形是不好的，其凸起部分易遮挡视线，凹下部分易形成盲区，使驾驶员产生茫然感，不利于行车安全。

（4）连续上坡（或下坡）路段，应符合平均纵坡的规定并采用运行速度对通行能力与行车安全进行检验。

（5）较长的直坡段端部不应设计小半径的竖曲线或平曲线，以保证行车安全。

（6）当相邻坡段的坡差很小时，应设置较大半径的竖曲线，以保证竖曲线的最小长度满足要求。

（7）纵断面设计应考虑路面排水的要求。

一是纵坡不宜过小或采用平坡，特别是在横向排水不畅的路段更应注意；二是在设计前坡为下坡（上坡）的竖曲线（又称全凹竖曲线）和后坡为上坡（下坡）的竖曲线（又称全凸竖曲线）时，不宜采用过大半径的竖曲线，避免竖曲线的底部（顶部）小于最小纵坡的路段长度过大。

（8）要避免使用竖曲线半径小、长度短的纵面线形。汽车在这种线形上行驶时，驾驶员只有到坡顶时方能看见前方的路面，不利于行车安全。

（9）注意构造物设计对纵坡的特殊要求。

二、最大纵坡

最大纵坡是指在纵坡设计时允许采用的最大坡度值。它是公路纵断面设计的重要控制指标。在地形起伏较大地区，其直接影响路线的长短、使用质量、运输成本及造价。

公路允许的最大纵坡是根据汽车的动力特性、公路的设计速度、自然条件以及工程和运营经济等因素，通过综合分析、全面考虑而合理确定的。

按照公路上行驶的车辆类型及其所具有的动力特性来确定汽车在规定速度下的爬坡能力和下坡的安全性，是确定公路最大纵坡的常用方法。由于我国各车型的运行特性差异较大，所以必须确定一种代表车型。由于小客车的爬坡性能和行驶速度受纵坡的影响很小，而载重汽车随纵坡的增大车速显著下降，这对正常行驶的车流会造成影响，使快车受阻，直接影响公路的通行能力和行车安全。在确定最大纵坡时应以典型载重车为标准车型。我国《新标准》中采用的代表车型是载质量为 8 吨的东风重型货车（功率重量比为 9.3 W/kg）。

载重汽车在上坡道上的运行速度损失要不超过一定限度，以保证公路通行能力和服务水平。规定代表车型在纵坡上要能以平均速度爬上坡（通常取设计速度的 50%～60%），最大纵坡以此为依据来设置。

在确定最大纵坡时，不仅要考虑爬坡性能，还要考虑工程和运营的安全性与经济效益等。我国《新标准》在规定最大纵坡时，对汽车在坡道上的行驶情况进行了大量调查、试验，并广泛征求了各有关方面特别是驾驶员的意见，同时考虑了汽车带拖挂车的状况，结合交通组成、汽车性能、工程费用和营运经济等，经综合分析研究后确定了最大纵坡值，如表 1-4 所列。

表 1-4　最大纵坡值

设计速度/	120	100	80	60	40	30	20
最大纵坡/%	3	4	5	6	7	8	9

三、纵坡的运用

对于货车比重较高的路段，应尽量采用平缓的纵坡，不应轻易采用规定值。统计表明，坡度大于 3% 的路段事故率是平缓路段事故率的 2～3 倍，且随着坡度的加大，油耗急剧增加，环境污染随之加重。

对于以行驶小客车或轻型车为主的机场公路和旅游公路，当采用较大纵坡可明显减少工程造价时，可采用规定指标或者适当突破指标。

对于设计速度较低的改建工程，经技术经济论证可以在规定基础上增加 1%。

对于互通区主线最大纵坡的规定主要是从保证匝道向主线平稳汇流角度考虑的，因此对于主线减速区上坡路段和主线加速区下坡路段的纵坡值可以灵活运用。

四、长陡纵坡设计

连续长陡纵坡可能引起两类问题，随着坡长和坡度的逐渐增加，首先面临的是"坡长限制"问题，然后是"平均纵坡"问题。平均坡长标准，是一个涉及车型、荷载、汽车制动、公路几何和自然环境、驾驶人员素质等多种影响因素的十分复杂的问题。从以人为本、宽容设计理念角度来考虑，目前阶段，对平均纵坡指标应尽量从严掌握。当连续长坡超过坡长限制一定程度以后，就应设置避险车道或采取其他综合处理措施。

长陡坡设计思路如下：

（一）提高认识

长陡坡设计不单是路线设计问题，当几何设计无法很好解决时，需要进行多专业综合设计，此外，如果运营管理得好，也将大大降低安全事故率和事故死亡率。设计者应将长陡坡作为重要事项在设计说明中加以明确，而且向运营管理部门做特别说明。

（二）尽量避免长陡坡设计

具体可以从以下几个方面考虑：

（1）研究局部绕行方案，或者研究调整走向方案，避开特殊地形地貌区。

（2）采用长隧道方式越岭。

（3）采用长距离展线方案，平缓降低高差。

（4）研究上、下行分离方案，重点保证下坡方向采用缓坡方案。

（三）对长距离连续下坡路段，应在线形设计上采取安全措施

山区高速公路的长陡纵坡是难以避免的，这必然给行车安全带来不利的影

响，尤其是面对目前屡禁不止的严重超载现状，若仅仅从交通工程方面采取措施，只能是"没有办法的办法"，最根本的办法应该是从最基本的线形设计上采取措施，具体可从以下四个方面着手。

（1）连续陡坡路段平纵面线形应均衡、顺适，严禁在陡坡底设置小半径平曲线和孤立的平曲线。

（2）在连续陡坡路段不得出现平、纵面的不良组合。

（3）注意长距离陡坡底的互通立交的选型。

其一，应尽量采用主线下穿的立交跨越形式，使匝道上坡驶出。

其二，当主线超高大于或等于 4%时，不应采用在超高外侧内环驶出的 B 型单喇叭互通立交；当主线超高小于 4%时，若受交通的流向及地形限制，需布设为在超高外侧内环驶出的 B 型单喇叭互通立交时，则应将内环匝道设计为"水滴形"。

（4）结合地形及平面、纵坡情况，选择适当的位置设置供失控车辆驶出并安全减速的避险车道。

（四）综合治理

不得已采用突破界限的长陡坡时，必须采取综合治理措施，最大限度地减少恶性事故发生。

1.强制休息区

强制休息区实际上是将长陡坡通过交通阻断的方式人为地分为几个安全纵坡。

2.交通标志

长陡坡的起点和终点应设置明确标志，中间区段应设置特殊的公路标志。

3.避险车道和爬坡车道

避险车道是为速度失控车辆紧急避险而设置的专用强行停车车道，一般为反向陡上坡断头路。避险车道虽然是一种被动性的补救措施，但十分必要，是失控车辆的救命车道，可以显著降低事故死亡率。

长陡纵坡一般情况下不仅会使上坡车辆速度降低和影响路段通行能力，而且通常还会引起货车因"气阻"而熄火和水箱开锅现象。

4.加强运营管理

首先，加深运营管理人员、驾驶人员对长陡坡的认识。其次，对公路设施进行标准化、规范化的管理。再次，加强对超载车辆的管理，避免发生恶性交通事故。最后，加强对驾驶人员的教育，使其充分认识长陡坡的缺陷。

第四节 互通式立交设计

互通式立交在公路路线中的占比越来越高，要想使其发挥预期的交通转换作用，需要做好相关设计工作。互通式立交设计因受不同因素的影响，容易产生一些问题，如果得不到足够的重视，势必影响之后的施工与使用，甚至引发安全问题。因此，有必要在明确互通式立交设计问题的基础上，探究行之有效的解决对策。

一、主线与被交路线技术指标

从交通通行的安全性与方向易辨别性两方面考虑，主线各项平纵面指标都要比正常路段高，特别是分流处与合流处，要在保证视距的基础上，减缓纵坡，防止产生大横坡。通常，在设计过程中工作人员虽然关注匝道设计问题，但对主线与被交路线各项技术指标能否达到规范要求考虑不足，主要表现在以下几个方面：

（1）主线半径与纵坡中一些指标小于极限值或一般值，而相关规范要求不能小于一般值，只有在特殊情况下才能使用极限值。

（2）被交路的某些平纵面指标相对较低，若指标大于极限值，但小于一般值，通常可不作修改；若指标小于极限值，则应采用书面形式上报至业主，由业主组织对指标不符合要求的部分进行改造。

二、环形匝道

环形匝道是指不需要建桥的左转弯匝道，成本较低，通常用于喇叭形互通立交、苜蓿叶形互通立交和变形苜蓿叶形互通立交。以上互通立交的很多最小指标都产生于环形匝道，可见环形匝道设计至关重要，必须引起相关设计人员的高度重视。

（一）环形匝道要与交通量相适应

因受圆曲线半径和设计速度等因素的影响，环形匝道通行能力难免受到一定程度的限制，而对于交通量达到何种水平时不能设置环形匝道这一问题，在现阶段还有待权威论证，通常做法为当交通量小于 6 000 pcu/d 时，方可设置环形匝道；若交通量超过 6 000 pcu/d，则要设置半定向匝道。

（二）确定适宜的设计速度

在整个互通式立交中，环形匝道设计速度最低，而设计速度是决定各项平纵面指标的关键参数。无论是枢纽立交还是一般立交，相关规范要求环形匝道实际设计速度应控制在 40 km/h 以内，具体结合主线设计速度来确定。在实际设计工作中，某些枢纽立交中环形匝道设计速度可达 50 km/h，这主要和立交分级有关。

（三）圆曲线半径设计

环形匝道圆曲线半径要以匝道设计速度为依据，结合交通量及其变化和地形条件来确定。为保证行车安全，应采用较大的半径，但这样会使占地面积明显增加，车辆绕行距离变长。过去常用的做法为：当交通量在 3 000 pcu/d 以内时，采用极限半径或比极限半径略大；当交通量在 3 000～6 000 pcu/d 范围内时，采用一般半径或比一般半径略大。需要注意，在冰冻积雪地区避免使用极限半径。

（四）匝道加宽

按照相关规范的要求，当单向单车道匝道半径在 72 m 以内、单向或对向双车道匝道半径在 47 m 以内时，需对匝道的行车道进行适当加宽处理。加宽主要针对环形匝道进行，对于加宽缓和段，其长度要和缓和曲线全长完全一致。但在实际设计过程中可能产生以下问题：①没有加宽；②只对内侧行车道加宽，未加宽外侧；③行车道没有加宽；④按照双车公路面标准实施加宽。其他相关规范还提出，对于二级公路、三级公路与四级公路，其加宽缓和段要按照线性标准进行过渡，而对于高速公路和一级公路，其加宽缓和段则要按照高次抛物线进行过渡，也可插入缓和曲线，但这两种加宽方法都存在一个缺点，即加宽段起终点均存在折点，影响了路容的美观性。在 20 世纪 80 年代末期，我国内地引入常用于香港地区的加宽方法，即按照三次抛物线进行过渡，该方法能从根本上弥补上述两种方法的缺点，且加宽后线形保持流畅，值得大范围推广应用。

（五）匝道超高

匝道超高需要和行车速度良好适应，通常最大超高产生于环形匝道，如果超高过大，除了会给司乘人员带来不安全感，还会给路容造成很大影响。目前，我国南方地区环形匝道的超高控制在 8% 以内，合成坡度则要控制在 10.5% 以内；北方地区环形匝道，考虑到可能发生积雪冰冻，所以其超高控制在 6%以内，合成坡度控制在 8%以内。另外，环形匝道上的土路肩还应设置 3%或 4%的横坡。

由于受到分流点与合流点的限制，环形匝道超高一般设置在缓和曲线中，现行规范没有对环形匝道超高提出明确规定，在设计过程中采用和加宽相同的方法。但要注意，采用线形过渡方法时，易出现以下两方面问题：①超高起终点处的路面平整度较差；②若采用反向超高过渡方法，则会使滞水段长度变大。采用三次抛物线的方法能有效克服以上问题，所以该方法在实际的设计工作中被广泛应用。

三、减速车道与分流点

减速车道设计方法有两种：①常用方法以主线外侧车道为起始点，按照一定出口角以直线或缓和曲线形式偏出，该设计方法的行车轨迹相对顺直，与驾驶员自身驾车习惯相符；②将减速车道作为起始段，按照一定出口角以直线或缓和曲线形式偏出。以上常用设计方法存在很多缺点，如渐变段长度长于减速车道，主线上准备转弯的车辆，其偏离位置不够明显；定线过程中无法确定减速车道的具体起点；当主线属于曲线时，无法对出口渐变率进行有效控制。方法②能从本质上解决常用设计方法存在的问题，可对渐变段的长度实现自由控制，使渐变段和主线路基之间产生明显折点，拥有明显的出口位置；在定线过程中可确定减速车道起点的具体位置；能对出口渐变率进行直接控制，有效防止其过大或过小。实际上，对减速车道起点进行反向延长，使其和主线以外的车道实现相交，即为常用设计方法。基于此，方法②实际上是对常用设计方法的演变。为了能使车辆平缓且顺适地从减速车道过渡至匝道，常用做法为在进入匝道前设置复合线，该复合线由两段缓和曲线径相连接而成，连接部位曲率半径完全一致，该曲线一般被称作刹车曲线。目前该曲线的应用并不常见，原因为计算过于复杂。除此之外，还可采用另一方法，即采用大半径圆曲线取代其中一段缓和曲线，以此形成卵状曲线，该方法的应用目前较为普遍，特别是在主线弯道内侧。

减速车道与分流点周围的一系列指标均有一定要求，若要满足所有指标的要求有很大难度。这些指标主要包括：

（1）减速车道长度。设计中应将相关规范提出的长度作为最小值，有些设计将其视作标准值而直接采用，导致长度不足。

（2）渐变段长度。采用以上两种方法确定的渐变段长度一般不会存在太大问题。

（3）出口渐变率。设计中应将规范提出的渐变率作为最大值，但在实际设计工作中普遍将内侧渐变率定得过小，而将外侧渐变率定得过大。

（4）分流点处的曲率半径和缓和曲线相关参数。首先，在设计工作中很多人认为曲率半径和圆曲线半径是同一个参数，比如当主线采用 100 km/h 的设计速度时，其分流点处的最小曲率半径定为 200 m，则认为必须截一段 200 m 直径的圆曲线；其次，缓和曲线各项技术参数不满足相关规范的要求，同时分流点处的曲率半径达不到要求；最后，虽然曲率半径与缓和曲线参数可以达到规范要求，但在分流点以后，其缓和曲线的长度不足，导致无法适应超高过渡方面的要求。

（5）分流点周围竖曲线半径与长度。虽然竖曲线的半径可以达到相关规范提出的要求，但其长度经常小于一般值，也有小于极限值的情况。需要注意，加速车道也可以是刹车曲线；因合流点周围车速往往很高，所以其各项平纵面指标都应达到分流点周围各项指标，包括竖曲线长度及曲率半径，但在实际设计工作中这一点并未引起足够重视，容易造成不良影响。

第二章　公路施工

第一节　土质路基施工技术分析

在公路工程建设中，路基施工是重要组成部分，对整个工程质量的提高和线路运营有着重要的影响。土质路基是重要的路基形式，主要包括砂性土、黏性土等，为确保土质路基工程质量，在工程建设中应该严格落实各项技术措施，实现对工程质量的有效控制。但在土质路基施工中，一些施工人员的综合技能偏低，工程质量管理制度不完善，相关的技术措施没有严格落实，导致土质路基施工存在质量问题，为工程建设带来不利影响，甚至会降低公路工程的使用寿命。针对这种情况，应该结合土质路基施工的基本情况，完善质量控制制度，改进施工技术，加强现场管理，为提高土质路基工程质量奠定基础。

一、落实土质路基施工技术的作用

对公路工程来说，其正常运营必须以保证工程质量为前提，而路基是其中的重要内容。因而在公路土质路基施工中必须采取相应的施工技术，做好施工质量控制工作。在公路土质路基施工中，落实施工技术具有重要作用。具体来说主要体现在以下方面。

（一）促进公路土质路基施工顺利进行

在土质路基施工中，落实施工技术能及时发现施工中存在的问题，并对这些问题及时采取处理措施，避免土质路基施工出现质量事故，促进公路土质路基施工顺利进行。

（二）调动各种因素进行公路土质路基施工

在公路土质路基施工中，落实施工技术能调动施工人员、施工机械的优势，使机械设备具备良好性能和处于良好运营状态中。实现人力、物力和财力的最佳安排与配置，提高施工人员的积极性，合理安排施工材料和机械设备，充分调动各种积极因素，更为有效地开展土质路基施工工作。

（三）有利于延长公路土质路基的使用寿命

路基是公路工程的基础，其质量往往受多种因素影响。落实施工技术，加强质量控制能及时修复出现的问题，使公路土质路基处于良好的运营状态，满足车辆通行需要，有利于延长公路土质路基的使用寿命，为车辆安全通行创造条件。

（四）有利于提高公路土质路基质量与效益

落实施工技术，完善质量控制制度，加强土质路基施工全过程的管理与控制，不仅能顺利完成施工任务，还能激发施工人员的热情，使施工人员严格遵循规范要求开展工程建设项目，并及时解决存在的质量问题，保证土质路基工程建设质量。

二、土质路基施工技术的落实

落实施工技术对于加强公路土质路基施工质量控制具有重要作用。因此，在施工中要根据公路土质路基实际情况采取具体的质量控制策略，促进各项技术措施有效落实。

（一）制定施工技术方案，做好土质路基施工工作

1.做好土质路基施工准备工作

做好土质路基所在地的地形地质、水文条件等方面的调查工作，以此来掌握土质路基施工范围内的土质液限、塑限、塑性指数、含水量等，进而进行标准击实试验和土的强度试验，根据实际需要制定施工方案。根据水文地质的不同情况，进行分类整理，制定土质路基施工方法和基底处理方案，为施工顺利进行奠定基础。

2.注重公路土质路基施工测量工作

在土质路基施工前，为有效规范现场施工流程，应该严格按要求测量，保证测量精确到位，以有效指导现场施工作业。使用红外线测距仪或精密仪器进行测量工作，全面进行检验和校正，提高测量精度，有利于规范和引导现场施工作业，为土质路基施工顺利进行奠定基础。进行中线复测工作，重视对控制桩的管理，及时修正存在的缺陷与不足，加强水准点的精度控制，保证满足规范要求。施工前仔细检查和校对复测可能存在缺陷的部位，根据要求测量放样，钉出桩位，为接下来的施工做好准备。

3.清理公路土质路基表面杂物

土质路基地面表层的杂物不利于施工，时间长了会下沉，进而引起土质路基沉陷，因而要及时清除路基表面杂物，然后进行压实。基底原状土的压实度不得小于80%，原状土不符合规范要求的应该换土，换填深度不小于40 cm。确保换填土质量，并按照压实标准压实。

（二）建立公路土质路基施工技术质量控制体系

完善的技术质量控制体系是确保土质路基施工质量的前提，质量控制体系的制定应该由施工企业领导和专业人员完成，以详细规定技术质量控制体系的目标、责任、组织机构设置等。建立公路土质路基施工技术质量控制责任制，可以将公路土质路基施工质量控制责任落实到单位和个人。加强考核，完善奖惩机制，能确保公路土质路基施工技术质量控制体系有效落实。

（三）落实公路土质路基填土和压实施工技术

公路土质路基的强度和稳定性主要取决于填料性质和压实方法。因此，为提高土质路基施工质量，必须从土质路基施工实际情况出发，选择合适的原料，采用适宜的压实方法。

1.合理选择公路土质路基填料

根据公路土质路基施工要求和工程建设规范标准，加强对填料粒径大小和强度的控制，满足施工要求。如果公路土质路基填料不能满足最小强度要求，应采取相应措施提高强度。例如，掺合粗粒料提高强度，运用换填方法使填料满足强度要求，或利用石灰等稳定材料进行处理。其他等级的公路填料选择也应满足规范要求，确保公路土质路基施工效果。

2.做好公路土质路基压实工作

压实质量控制是土质路基施工不可忽视的工作，在工程建设中应选用大吨位压路机，做好初压、复压和终压工作，严格控制碾压速度和遍数，保证公路土质路基压实度。高速公路和一级公路的上路堤压实度必须≥95%，应该严格把握控制标准，加强检测，保证压实效果。

3.重视公路土质路基和边坡整修

路基填至设计标高后用平地机修整出路拱，使土质路基表层的平整度、坡度、宽度满足施工规范要求。进行边坡修整时，放出公路土质路基边线桩，根据相关规范除去超填部分，修整折点，使转折处线条明显、直线平直、曲线圆顺。

4.注重特殊潮湿地区公路土质路基压实质量控制

特殊潮湿地区由于受环境影响，压实度控制难度加大，施工中需要严格进行试验，以合理确定压实度控制标准，有效指导施工作业。还可以结合现场基本情况，适当将压实度降低 2%～3%，以满足质量控制要求。黏性土可参照轻型压实标准，在土质路基填料中适当加入生石灰或者掺入新型吸水材料，对土质路基进行加固，保证路基压实度。

（四）重视公路土质路基排水施工技术应用

排水施工也是重要环节，做好该项工作能及时排出雨水，避免公路土质路基遭受雨水侵蚀。应结合施工现场基本情况，合理设置边沟、截水沟、排水管、急流槽等，将雨水顺利排出。还可以铺设衬砌防护设施，防止边坡受到雨水侵蚀，保证公路土质路基稳定可靠。二级及二级以下的公路路面排水，一般只有路表排水，排水设施由路拱横坡、路肩横坡、拦水带或边沟组成；高速公路和一级公路路面排水，一般由路表排水和中央分隔带排水两部分组成，路表排水设施由路拱及路肩横坡、拦水带、三角形集水槽、泄水口和急流槽等组成；中央分隔带排水设施由纵向排水沟、渗沟、雨水井、集水井、横向排水管等组成。

（五）采用公路土质路基防护施工技术

应充分考虑现场情况，以提高施工效果为出发点，合理采用公路土质路基防护措施。坡面防护用砌石框格种草防护或石砌工程防护，避免水流冲刷路基，防止岩石风化脱落，提高路基边坡稳定性。沿河土质路基采用冲刷防护技术，常用高强土工格栅、混凝土护坡模袋等，实现对边坡的有效防护。此外，挡土墙是支挡防护的重要技术，常用形式包括石砌重力式、钢筋混凝土结构悬臂式、扶壁式等。

在公路土质路基施工中，落实技术措施，加强质量控制是必要的。应该认识到土质路基施工技术的重要作用，做好土质路基施工工作，加强质量控制。另外，还要注重经验总结，提高施工人员素质，重视土质路基施工技术创新，顺利完成土质路基施工任务，进而提高工程质量，延长土质路基使用寿命，为增进不同地区联系提供保障。

第二节　石方路基施工

石方路基是常见的公路路基之一。针对工程施工中岩质坚硬、不可能用人工或机械开挖的石质路堑，通常要采用爆破法。为了爆破公路石方路基的某一岩体，在其中或表面放置一定数量的炸药，这就是工程爆破药包。药包按形状或集结程度可以分为集中药包、延长药包和分集药包三种。开挖石方路基采用的爆破方法应当根据石方的地质情况、集中程度及地形条件等来确定。

爆破后用机械清方是非常有效的路堑开挖方法。通过爆破法，利用炸药爆炸的能量将土石炸碎，然后借助爆炸能量将土石移到预定位置。爆破法开挖石质路堑具有工效高、速度快、劳动力消耗少、施工成本低等优点。爆破对山体破坏较大，对周围环境也有较大影响，因此必须按有关施工规定和安全规程进行作业，严格按设计文件实施。通常应做试爆分析，并将其结果作为指导施工的依据。采用爆破法施工必须符合现行国家标准的有关规定。

一、石方路基填筑技术

（一）施工的前期技术要求

修筑填石路堤应进行地表清洁处理，先码砌边部，然后逐层填筑石料，确保边坡稳定。同时应当在施工前首先修筑试验段，以有效地保证相应压实遍数、沉降差等施工参数。通过试验段可以预先确定公路路基的压实工艺与沉降差，从而进一步确保填石路基的预期质量效果。公路填石路堤宜选取 12 吨以上的振动压路机、25 吨以上的轮胎压路机或 25 吨以上的夯锤来压实。

（二）石方路基填筑施工

若填石路基的石料岩性相差较大，应将不同岩性的填料分层或分段填筑。对于隧道而言，若基岩与路堑为不同岩种，则可以用挖出的混合石料填筑路基，但应要求所采用的石料的强度和粒径符合施工要求。采用软质岩石或者强风化石料来填筑路基时，要求符合土质路堤施工规定，先检验 CBR（California bearing ratio，加州承载比）值，当满足要求时则可按填土路基技术规定进行施工。当填筑石料级配较差、粒径较大、填层较厚、石块间空隙较大时，可在每层表面空隙间填入石渣、石屑或中、粗砂，再用压力水将其冲入下部，从而填满空隙。对于公路路基边坡坡脚的填筑则要求采用大于 300 mm 的硬质石料码砌。对设计中无特殊要求的情况，结合工程实践经验，当路基设计高度不大于 6 m 时，其码砌厚度不应小于 1 m；当设计高度不小于 6 m 时，码砌厚度应大于 2 m。

（三）石方路基填料摊铺整平

在选定填料摊铺方法时，应结合填料的石料粒径大小及组成来考虑。从目前的石方路基填料摊铺实践来看，对于大粒径石料则适宜采用渐进式摊铺法铺料，具体做法是运料汽车在新填的松料上采取呈梅花形的摊铺方式，先两侧后中央以及先低后高逐渐向前卸料，推土机随时摊铺整平。这种摊铺方式的优势在于容易整平而且容易控制填石料的厚度，为自卸车和机械振动碾压提供较好的工作面。

而针对细料含量较多的石料则适宜采用后退法铺料。运料汽车在已压实的层面上后退卸料，形成梅花形密集料堆，然后用推土机推铺整平。这种摊铺方式要求松铺厚度不大于 0.5 m，石料最大粒径不超过层厚的 2/3。大面积路基填石可用两台推土机并列作业，两机铲刀应相距 150～300 mm，每次作业长度适宜控制在 20～50 m 范围内。人工铺填粒径大于 250 mm 以上的石料时，应当先铺填大块石料，而且石料要大面向下、小面向上，同时要摆平放稳，然后再用小石块找平，以石屑塞缝，最后采取压实处理。人工铺填粒径在 250 mm 以下的石料时，可以采取直接分层摊铺与分层碾压处理的方法。填石路堤在压实之前，应用大型推土机摊铺平整，再针对个别不平处细石屑拢平，对于无明显高差的台阶才用压路机碾压。在采用夯锤时，当夯锤下坠到地面时，为确保受力基本均匀，应不使夯锤倾倒。

二、石方路基碾压成型处理

对于填石路基，要求在路床顶面以上 0.5 m 范围内填土，同时根据填土路基的相关施工技术要求进行压实处理。路床设计顶面以下 0.5 m 深度内，则应当根据填石路基填筑要求来进行验收处理。在填石路基填料摊铺完成后，要求石料表面平整，不允许出现明显的大石料外露，而且石料表面不应有明显的孔隙、孔洞以及多余的填石料。夯锤压实路线应当呈弧线，当夯实度达到设计要求后，则向后移动一夯锤的位置。为了有效地确保碾压效果，行与行之间以重叠 40～50 cm 为宜，且相邻区段以重叠 1～1.5 m 为宜。

在碾压公路路基时，直线段由两边向中间进行，小半径曲线段由内侧向外侧纵向进退式进行。横向接头处，振动压路机一般重叠 0.4～0.5 m，三轮压路机则重叠后轮 1/2 宽；前后相邻区段纵向应重叠 1～1.5 m，从而有效地确保无死角、无漏压情况，保证路基碾压均匀。

当采用 14 吨以上的重型振动压路机分层碾压时，应当先静压一遍，再根据试验段确定出碾压遍数以及摊铺厚度。合理地判断路基压实度是否满足要求很关键。对于填石路堤，不能简单地采取土质路基的压实度标准来判断路基的密实程度。从目前的工程实践来看，对填石路堤的压实度判别方法还没有形成统一规定。国外针对填石路堤的压实度的判别方法是在振动压路机的驾驶台上装设压实计，根据压实计的数值来判定是否达到要求的紧密程度，但没有定量值的规定，且只限于设有此种装置的压路机。可采用填石路堤的方法检验压实度：在规定深度范围内，以 12 吨以上振动压路机压实，当压实层顶面稳定、不再下沉（无轮迹）时，可判定为达到密实状态。目前结合工程实践经验来看，当压实层顶面稳定、碾压无轮迹时可以判定为密实状态；否则可判断为压实还未满足要求，应重新进行碾压处理，经检验合格后经有关方面签认，才能允许进行下一层填筑施工。填石路堤使用各种压实机具时的注意事项与压实填土路基相同，而填石路堤压实到所要求的紧密程度所需的碾压或夯压的遍数应经过试验确定。采用重锤夯实时，当重锤下落时不下沉而是发生弹跳现象时，可进行压实度检验。

而对于工程中出现的土石混填路堤，其压实度则根据灌砂法或水袋法检测。应根据每一种填料不同含石量的最大干密度做出标准干密度曲线，根据标准干密度曲线查出对应的标准干密度。当采取灌砂法或者水袋法检验有困难时，可以采取填石路堤的检验方法，即采用 12 吨以上的振动压路机进行压实试验，当压实层顶面稳定、不再下沉（无轮迹）时，可判定为密实状态。如在施工中采用几种填料混合填筑，可以根据试坑挖取的试样计算各种填料的比例，利用混合料中几种填料的标准干密度曲线分别查取相应的标准干密度，然后采用加权平均的方法计算所挖试坑的标准干密度。

第三节 公路路面基层施工

在公路工程建设施工过程中,路面基层施工是其中非常重要的施工技术环节,直接影响到整个公路工程的使用耐久性和稳定性。在实际施工过程中,工程施工单位需要有效结合施工区域的地质条件情况,对路面基层的施工技术方法进行合理选择和应用。在公路工程路面基层施工当中,由于基层部分需要和车辆以及行人直接进行接触,因此路面基层的施工稳定性直接影响到行人和车辆的安全性和稳定性,对整个公路交通系统的建设工作质量产生直接影响。因此,在实际施工中,工程施工单位必须要对路面基层施工技术方法进行全面了解和掌握,并且需要不断提高路面基层施工处理工作质量,从工程施工现场的勘查、施工原材料的选择,以及路面基层关键性施工技术要点的掌握等多角度出发,对工程施工计划进行完善和优化,以有效保证路面基层施工的顺利完成。

一、公路路面基层常见施工技术方法

(一)填隙碎石施工技术

填隙碎石施工技术属于一种比较常用的路面基层施工技术方法,实际施工过程中需要使用碎石材料来进行路面基础部分的铺设,以有效保证基础材料具有更高的强度和稳定性。在正式开始使用填隙碎石施工技术之前,必须要做好前期的各项准备工作,先要在公路工程路面上方铺设一定量的粗碎石材料,然后对表面进行充分碾压,接着再铺上碎石屑材料,使用机械设备对表面进行充分振动和压实处理,以此保证碎石材料可以与石屑材料进行充分结合,提高基础面材料的密实程度,保证基层的承载能力能满足公路工程路面基层的相关施工技术要求和标准。在使用填隙碎石施工技术过程中,所使用的材料为硬度和强度更高的碾压碎石材料，可以保证路面基层具备一定的稳定性和承载能力。在铺设碎石屑材料工作的过程中，通常情况下有干法施工和湿法施工两种形式，其中干法施工的难度较低。在使用干法施工的过程中，需要在碎石基层上方铺设一定量的碎石屑材料；在使用湿法施工的过程中，需要在碎石层铺设完成之后，及时添加一定量的水然后对表面基层进行碾压处理，同时还需要充分利用路面基层当中的大量水分，以保证路面基层的稳定性。

（二）级配砂石路面基层施工技术

在使用级配砂石实施路面基层施工技术的过程中，首先需要准备大量粗细不均匀的碎石和石屑材料，并且将两种材料按相应的比例进行混合处理，同时还需要在混合物当中增加一定量的水泥混凝土材料。借助水泥固定混合沙砾原材料，此时通常会使用厂拌法或者路拌法进行材料搅拌处理。厂拌法主要是指在事先准备好的一定量沙砾原材料中加入一定量的水泥和水进行充分搅拌处理，然后将原材料均匀地铺在施工路面表面，再对其进行充分压平处理。在工程建设完成之后需要展开周期性洒水养护工作，以此来保证路面基层的稳定性。路拌法通常情况下用于砂石基层的加固处理工作中，在实际施工中首先需要将一定量的水泥材料充分铺在路面基层的表面，然后通过使用专用的机器设备，对材料进行搅拌处理，最后再进行路基表面的碾压平整处理工作。在工程施工完成之后，需要展开周期性的洒水保湿养护工作。在级配砂石路面基层施工当中，需要充分重视沙砾原材料的质量情况，有效保证工程施工质量和稳定性。

二、公路路面基层施工过程中存在的主要问题

第一，混合材料无法均匀分布。在公路工程建设施工过程中，泥石渣等各种混合材料的分布经常会出现不均匀现象，这会造成后续的路面基层压实程度不够，进而给工程施工带来一定的难度，同时如果这种情况没有得到有效处理，会直接造成公路表面不平整问题。

第二，路面压实度和混合材料的强度以及施工标准不符合要求。在施工原材料压实工作完成之后，路面的压实程度和水泥等材料的强度不符合施工要求，这一问题的产生是现阶段公路工程施工中比较常见的问题之一。在进行路面压实度控制工作过程中，混合材料需要进行自动加水搅拌处理，同时在碾压过程中需要对整个工程施工质量进行严格控制，施工环节完成之后如果缺少必要的保湿和维护工作，会使材料表面过度干燥。

第三，碾压施工出现表面龟裂的问题。在公路工程路面基层碾压施工完成之后，经常会出现基层表面龟裂的情况，这种情况的产生，主要是因为在碾压工作开始的情况下，相关施工人员对于基础面底部的施工质量检查工作没有落实到位，进而造成路基面的压实程度和施工材料质量无法满足工程的施工技术要求和标准。除此之外，施工过程中对于混合材料的质量监管工作也存在问题，造成混合材料中经常会存在各种类型的杂质，进而对路面基层的施工质量造成比较严重的干扰和影响。

三、公路工程路面基层施工技术要点

（一）材料选择

在进行公路工程路面基层施工之前，需要对工程施工所使用的各种原材料质量进行严格控制，以此来保证后续工程施工的顺利进行。在对工程施工原材

料进行质量控制时，需要严格依照国家的相关法律法规进行材料筛选，并且在采购过程中对供应商进行合理选择，要尽可能与一些生产规模更大、社会信誉度更高的厂家进行合作，所选择的原材料质量需要保证符合施工要求，同时还需要考虑到材料的性价比问题。除此之外，还需要对采购完成之后的原材料展开质量抽样检查工作，并且对材料进行详细记录，如果发现不符合要求的原材料需要及时与厂家取得联系以更换材料。施工原材料采购工作结束之后需要及时进行材料入库储存，避免材料受到外部环境的影响而产生变质以及其他方面的问题。除此之外，需要结合公路工程的实际施工情况，合理调整工程施工原材料，保证路面基层部分具有更强的稳定性，进而有效提高整个公路交通系统建设施工质量。

在路面基层施工过程中，需要有效遵循原材料拌和工作标准，相关部门需要对拌和原材料质量进行控制，尤其要重视施工原材料的质量检查工作，对各种不同原材料的使用量进行严格控制。准确掌握每一批材料配比的真实数据，要保证配置完成之后的原材料符合施工要求和标准，特别需要重视水泥材料的使用量。不但如此，还需要对一些其他材料的混合比例进行控制，选择适量的材料进行晾晒处理并且进行材料配比分析，可以保证原材料的配比分析工作更加高效，也会使最终的实验结果更加精确，在原材料晾晒工作完成之后再进行后续的测量分析工作，可以有效保证公路工程施工的顺利进行。

（二）摊铺施工

摊铺的一个最显著作用在于提高基层的预压密实度，确保路面的平整。在对水泥稳定层进行摊铺的过程中，应结合使用人工与机械。先放样测量，在路基上进行控制桩的设计，在形成方格网后，使用水准仪对标高进行测量，及时记录松铺标记，结合松铺高度以及方格网面积，将每一个方格所消耗的材料控制在合理范围内，通过挖机散料粗平，辅之以人工精平。在摊铺过程中，应尽量做到一次性摊铺平整，确保机器匀速行进，将速度控制在 2～3 min 内，不能随意调整机器的前进速度，机器不能停顿，要确保摊铺的连续性和平整度。此外，还要确保混合料的连续供应，对卸料的速度进行严格的控制。在进行摊铺的时候，应确保基层的厚度小于 20 cm，如果厚度超过 30 cm，则应采取分幅摊铺的方式进行处理，并对摊铺机预压能力进行调整。

（三）碾压施工

在碾压工作过程中，要保证摊铺施工长度和压路机的工作时长符合相应的要求，方可进行后续的路面碾压施工，如果在碾压过程中出现延时问题，需要将延时时间控制在两个小时之内。在路面基层碾压施工中需要有效结合实际施工条件，可以使用振动压铸机设备对表面进行静压处理，然后再使用振动加速器设备做好表面正压处理，最后使用光轮压路机设备和轮胎压路机设备，对表面进行充分静压处理，在静压工作过程中，在压路机设备前进时需要使用振动处理工作方法，在后退过程中需要使用静压处理工作方法，每一次重叠度需要保持在 1/2 的轮距宽度。在碾压施工中需要有效控制水泥材料的稳定性，如果表面的水分蒸发速度过快，需要及时补充水分，如果路面基层的压实程度和施工要求之间出现偏差，则需要进行进一步的补充碾压处理。另外，还需要保证纵断面高层施工宽度和横坡宽度符合工程的施工技术要求和标准，在实际碾压施工当中如果没有进行静压和复压处理，容易造成路面基层的材料压实程度不够，因此会造成公路路基表面面层的平整程度下降，影响到后续的公路工程使用效果。

（四）接口施工

在公路工程路面基层施工完成之后，需要做好路面接口处理工作，尤其是要重视新旧路面的接口位置，如果发现路面表面出现连接不平整的情况，必须及时进行处理。首先，施工人员需要使用刨挖机械设备，在开接口位置进行旧路面处理，然后再进行表面洒水工作，结合路面的设计施工情况，加入一定量的水泥材料，要保证新旧路面之间可以形成良好的对接效果，避免表面出现大的缝隙。在碾压施工中需要保证整个碾压施工顺序由高到低进行，并且对于其中一些无法用压路机进行碾压的区域，可以使用一些小型的变速器设备，对其表面进行充分碾压，要保证新旧路面之间进行有效衔接，保证路面接口位置具有更高的平整度。

（五）后期养护

在公路工程路面基层施工完成之后，需要有效结合当地区域的气候条件，做好路面基层材料的养护工作，要保证路面基层具有更高的稳定性和承载能力。在公路工程路面基层洒水养护处理过程中，需要有效控制路面的洒水频率和洒水质量，避免因为洒水量不足造成的路面基层部分稳定性的下降。除此之外，还需要在路面基层铺设塑料薄膜来进行锁水保湿处理，以保证路面基层材料长时间处于一种湿润状态，避免出现严重的缺水裂缝情况，在路面基层养护处理过程中，需要在合适的位置设置相应的警示标志，以保证整个公路养护工作效果。

在具体的施工中，要对水泥剂量进行严格的控制，在确保路面基层强度的基础上，减少水泥的剂量。对集料黏土含量与加水量也要严格控制，避免出现干缩和温缩的问题。通过流水作业的形式对水泥稳定层进行施工，实现各项施工工序的紧密衔接，将从拌和到完成碾压的延迟时间缩到最短。在水泥稳定层的施工过程中，要对水泥终凝时间、运输距离、运输车辆以及摊铺碾压的时间要求进行全面的考虑，必要情况下加入适量的缓凝剂，以保证稳定层的质量。

总而言之，公路路面基层的质量对于路面使用的性能以及行车的便捷性有着直接的影响。因此，在实际的施工中，应确保基层机构的密实度，使其与面层结构紧密结合，避免出现裂缝。同时，还要做好路面基层的养护工作，促进其整体质量的不断提升，延长公路的使用年限。

第四节　边坡防护工程施工

公路工程关系到国计民生，其建设质量受到全社会的高度重视，除了应该对路面、路基等施工项目加以控制，还要加强边坡防护，避免意外因素对公路施工造成威胁。因为公路工程多在野外施工，环境因素（包括岩土类型、水文条件和气候条件等）对边坡稳定性的影响较大，一旦发生失稳状况，则会造成不同程度的滑坡和泥石流等，给施工单位造成难以挽回的损失。近年来，随着公路建设标准的提升，对于边坡防护工作也提出了更高的要求，应该掌握防护工作的重点及难点，在实践中采取有针对性的防护方法和措施，使边坡的承载力和抗剪强度等得到改善。不同防护施工技术的应用机理和特点都存在较大差异性，应该结合具体情况制定技术方案。

一、边坡防护施工技术的应用要点

边坡防护施工技术的应用，是预防滑坡和泥石流等灾害事故的关键，能够为公路建设创造良好的环境条件。坡面的防护可以有效缓解由雨水冲刷造成的侵蚀和破碎等问题，从而较好地控制温湿度、掌控剥蚀的演变、防止造成严重的破坏。在实践工作中，通常采用植物防护、工程防护和综合防护等措施。

（一）植物防护

1.种草

种草护坡是最常用的一种形式，可以有效改善坡面的美观性，达到保持水土的效果。然而，在选择草种时应该对当地的气候条件、土壤条件等进行分析，确保草籽种植后处于良好的生长状况。多年生草种的应用效果较好，能够保障植物根系发达，实现对坡面土质状况的改善，防止因雨水冲刷造成严重的破坏或者侵蚀、风化等问题。应该结合公路边坡的实际情况进行栽植，如果无法满足草类的生长需求，则需要采用培腐殖土的方式进行改善。

2.铺草皮

相较于种草防护，采用铺草皮的方式更加便捷和快速，能够在短时间内获得良好的防护成效，满足公路施工进度要求。但要保障草皮的良好成活率，保障叶片的茂盛和根系的发达，以适应边坡的环境特点，通常使用泥沼区的草皮和喜水草皮。为了给草皮生长创造良好的环境，可以铺设黏性土，使其厚度在15 cm左右，同时借助台阶和沟槽等做好排水处理工作。通常铺草皮的方式会与其他防护措施结合起来使用，片石方格草皮的应用则较为常见，这种草皮结合了片石和草皮的性能优势，能够对滑坡等问题加以预防。

3.植树

植树防护对于边坡的坡度有要求，一般要在1∶1.5以内，防止坡度较陡对树木生长造成限制。同时，在选择树种时同样也要考虑到当地气候环境和土壤条件等的特点，以保障树种的成活率，促进树木的快速生长。种草防护和铺草皮防护的形式可以结合植树防护来融合应用，以增强防护体系的立体性，这样做不仅能够使边坡的稳定性得到改善，而且有利于增强生态效益。

4.自然形成植被

自然形成植被的方式具有环保性的特点，可以降低对边坡的影响，防止人类活动对原有生态系统的破坏。应该做好路基的养护处理工作，防止对植被生长造成影响。对边坡的土壤情况进行评估，必要时采用培腐殖土的方式。在植被生长过程中应该加强管理和维护，对树木和杂草进行修剪，防止影响正常交通。注重对边坡坡度的合理控制，以满足植物的生长需求。

（二）工程防护

1.干砌护坡

干砌块石和干砌片石在干砌护坡施工中的应用较多，通常采用双层形式和单层形式进行防护处理，单层厚度应该在 25 cm 以上。借助于沙砾和碎石等进行护坡垫层施工，垫层厚度在 13 cm 左右，在侧沟底部埋设大石块。为了获得良好的施工效果，还应该对石料的质量进行严格选择，确保其具备良好的硬度，以免出现风化情况。

2.浆砌护坡

砌筑施工的方式虽然工艺环节较为复杂，但是其防护性能较好，采用 M7.5 浆砌片石进行施工。在构筑迎坡面的过程中采用沙砾垫层加以处理，使沉降缝的间距保持在 10 m 左右。应该根据水位情况确定泄水孔的合理高度，使边坡中的水分能够被及时排出。在立杆挂线中应该明确墙体坡度，由专业技术人员对其进行全面检查，确保良好的平整度。加强对土质情况的勘查与评估，选择合适的施工技术方案，如果存在石质基层，则需要对其进行及时清理后开展砌石施工。在砌筑过程中应该对砂浆的饱满度进行检查，防止出现通缝、叠砌的情况。浆砌护坡的结构形式如图 2-1 所示。

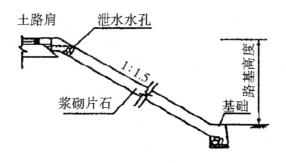

图 2-1　浆砌护坡

3.护面墙

合理设置护面墙的墙高和厚度值，对地基情况进行全面勘查，确保其具备良好的刚度和承载力，防止基础稳定性受到影响。采用分级布设的方式开展护面墙施工处理工作，及时做好墙顶的封闭处理工作，避免地表水对结构性能造成影响。窗孔式护面墙在应用中应该控制窗孔高度、宽度和半径分别为 3.0 m、2.5 m 和 1.25 m。在拱式护面墙施工中应该根据跨度情况选择合适的结构形式。

4.喷护

喷护适用于边坡易风化、有裂隙、坡面不平整的，且边坡较干燥、无流水侵入的岩石路堑边坡。对于高而陡的边坡，当需大面积防护时，采取此类型更为经济。喷护初期强度高、抗雨水冲蚀能力强，但造价高，缺乏景观效果，不符合"绿色环保"的要求。针对边坡喷护与环境协调性差的问题，一般可采取与攀爬植物配合使用的办法；在边坡工程实践中一般多采用锚杆框架来替代其使用。

5.抹面与捶面

一般采用石灰炉渣、灰浆和水泥石灰砂浆等进行抹面处理，其可以优化坡面的力学性能，使其原有的破碎和侵蚀等问题得到改善，借助于沥青保护层增强坡面的防水效果。抹面厚度应该在 5 mm 左右，设置 3 层抹面。采用四合土和水泥炉渣混合土等进行捶面处理，使捶面厚度在 13 mm 左右。

6.锚杆施工

锚杆施工质量的好坏将直接影响锚杆的承载能力和边坡的稳定性、安全性，一般在施工前应根据工程施工条件和地质条件选择适宜的施工方法，认真组织施工。在施工过程中如遇与设计不符的地层，应及时报告设计人员，以做变更处理。锚杆施工包括施工准备、造孔、锚杆制作与安装、注浆、锚杆锁定与张拉等环节。

7.预应力锚索施工

预应力锚索加固边坡技术于20世纪60年代首先在我国水电行业开始得到应用，80年代末被引入我国铁路、公路工程中。中铁第一勘察设计院集团有限公司于 1987 年在宝成线首次采用预应力锚索加固危岩边坡并取得了成功。30多年来，预应力锚索以其"安全、可靠、经济、合理"的特点在建筑行业中得到了日益广泛的应用。

（三）综合防护

综合防护即工程防护和植物防护相结合的防护方式，可以充分发挥多种防护措施的优点，以改善结构整体稳定性。多边形水泥混凝土空心预制块在施工中的应用较多，应该确保其强度在 C20 以上、厚度在 150 mm 以上。根据坡面情况种植相应的植物或者培腐殖土。

二、边坡防护施工技术的质量控制措施

（一）做好定位和放样

定位和放样施工是公路边坡防护的基础，只有保障定位的准确性，才能使边坡的重点位置得到改善，以增强整体稳定性。在现场放样中应该严格遵循图纸要求，加强对现场情况的调查与评估，确保复测结果的可靠性。严格对比设计图纸中的尺寸要求，确保基础标高的合理性，为后续施工创造良好的条件。注重对相关数据的记录和分析，使施工人员、设计人员和审查人员之间相互增进交流，确保各项数据的可靠性，在获批后进行防护施工。对施工现场的杂物进行清理，保障坡度和标高等符合设计要求，提升放样施工质量。

（二）合理选择材料

在防护施工中会用到大量的材料，包括植被和混凝土、砂、石、锚杆等，应该从材料质量控制入手构建完善的质量控制体系，从根本上提高公路边坡防护的整体效果。在材料采购中应该进行对比分析，选择具备生产资质的厂商，并对相关证件进行检查。在现场应该开展检测，当材料出现问题时应及时退回，防止对工期和质量造成影响。针对各类施工材料实施有序管理，做好防腐、

防潮和防水等处理工作，防止材料出现变质。

（三）优化混凝土配合比

混凝土是施工中经常使用的材料，应该根据公路边坡防护的施工要求，对混凝土的配合比进行科学设计，增强材料的性能和边坡的稳定性。通过实验数据获得合理的配合比，同时结合施工环境的温度和湿度等加以控制和调整，使各项指标符合实际要求。尤其是在使用水泥时应该控制用量，防止水化热现象引发的裂缝。良好的配合比不仅能够节约材料，而且可以增强混凝土的和易性。

公路边坡的失稳状况，往往是由环境因素、设计因素和施工因素所引发的，会给工程建设造成严重影响，甚至引发安全事故。在实践中应该加强边坡防护处理工作，通过植物防护、工程防护和综合防护等措施，构建良好的防护体系，降低工程项目的风险。此外，要对定位和放样、材料选择和混凝土配合比设计等环节予以重视，确保防护施工技术的作用得到体现，从而强化边坡稳定性。

第五节　沥青路面施工

沥青路面施工技术及质量控制与沥青路面的使用寿命、行车安全及行车舒适性有着直接关系，这就需要施工单位技术人员能够全面进行施工技术的改进，结合公路工程项目实际情况进行施工技术调整，并提高质量控制意识，尤其要全面掌握沥青路面施工技术标准和具体技术要求，控制关键环节，从而提高沥青路面施工质量，保证沥青路面的使用寿命。

一、沥青路面施工特点

就沥青路面而言，沥青材质因其自身的特殊性，虽然有着其他路面没有的优势，如噪音低、振动小、无接缝、养护便利等，但也决定了其在施工过程中有着与其他路面完全不一样的特点，具体表现为以下两点。

（一）实时性

在沥青路面实际施工中，往往采用大规模机械化施工方式，所以其施工效率较高，整体推进速度较快，并且沥青路面从摊铺成型到开放通行间隔时间较短，这就要求施工当中如果发生质量问题需要及时进行处理，否则沥青路面一旦冷却，再进行返工处理，就会延误施工进度、增加返工难度，并且会造成成本和材料的浪费。

（二）危害性

沥青路面施工过程中会产生一定的粉尘和有毒气体，在加热拌和、摊铺施工中尤为明显，特别是在隧道等较封闭的施工区域，由于通风差，粉尘和有毒气体容易聚集，若不能及时排除，会对施工人员身体健康产生较大危害。若施工人员过多接触加热后的沥青散发的有毒气体，会引发鼻炎、咽炎，严重时会出现头晕、头胀、头痛、胸闷、乏力、恶心、心悸、耳鸣等不适症状，所以在实际施工中需做好施工人员的防护工作，做到安全文明施工。

二、沥青路面施工技术

（一）沥青路面原材料配合比

在沥青路面施工过程中，根据公司经营情况以及项目实际情况，可选择自拌混凝土或从其他公司采购混凝土。不管是自拌还是购买，都需要严格进行原材料配合比的控制，依据设计图纸、项目具体的技术指标以及相关规范要求，结合沥青路面原材料质量以及具体参数做好各项实验配比的分析，这是保证沥青路面施工质量的基础。

（二）沥青路面混合料拌和技术

沥青路面混合料主要是由沥青、粗集料、细集料、矿粉以及一些添加剂按照规定的级配方式拌和而成的。沥青混合料拌和技术依据温度的不同，主要分为热拌技术方法、冷拌技术方法和温拌技术方法，应根据不同沥青路面施工要求进行合理选择。现阶段，绝大部分新建、改建、扩建的项目，沥青路面都使用热拌沥青混合料。热拌施工技术主要是通过干燥来进行集料脱水以消除隐患的，并且当液态和固态物质具有相同温度时，沥青将保持黏度且不会发生粘连，其对摊铺和压实有着较好的效果。

为使拌和料符合要求，不仅需要注重原材料的质量，而且还要重视拌和设备的功效。自动化、智能化程度高的拌和设备能够严格按照设定的级配方式进行拌和。拌和设备可采用能按用量分批配料的间歇式拌和机。在拌和过程中，保证拌和设备正常运行是前提，而保证集料加热温度、拌和温度及出仓温度也是必要且重要的工作。因此，在拌和过程中，原材料质量、拌和设备、温度三者是相辅相成的，是保证混合料质量的重要因素。

（三）沥青路面的摊铺

沥青路面摊铺施工过程中的关键是把控好路面宽度、松铺厚度、横坡等相关技术指标，以及计算出设备产量、摊铺机施工效率及运料车之间的最优能效比，最后综合各方因素，制定实时有效的摊铺方案。摊铺机开工前提前 0.5~1 h 预热熨平板，使其不低于 100℃，沥青路面预先设定的摊铺施工速度为每分钟 2~6 m。当分层摊铺时，需把握好透层、粘层、封层的施工时间及施工步骤。摊铺机铺筑中面层或者下面层一般采用挂线法施工，上面层采用非接触式平衡梁或浮动基准梁装置施工，但在桥头过渡段采用挂线法施工。在进行摊铺施工时，要保持匀速且缓慢推进，连续不间断地摊铺，中间不得停顿等候，确保摊铺质量符合设计要求。沥青路面施工机械化水平较高，所以摊铺施工通常不需要进行人工整修，但必须要注意在摊铺施工时部分特殊位置的控制和调整，如十字路口、交叉路口或边角部分等，特殊情况需具有专业水平的指导人员进行指挥和引导，并合理进行混合料调整或人为调整，保证摊铺的质量。

（四）沥青路面的碾压

公路工程沥青面层是直接同行车和大气相接触的层位，承受行车荷载中较大的竖向力、水平力和冲击力，高质量的沥青路面能够极大改善汽车的行驶条件，提高公路服务水平。为了保证沥青路面质量能够达到一个较高的水平，需要重视碾压施工技术。在进行沥青路面碾压施工的过程中，需要在实际施工时逐步提升沥青路面压实度，该过程主要分为初压、复压、终压三个阶段。要确保压实度符合相关要求，不仅需要对沥青路面进行分层碾压、分步骤碾压，还需要使用合适的压路机设备以及选用合理的压路机组合方式，必要时还应设置试验段进行试验。

在实际施工过程中，应严格控制不同型号压路机的速度，确保沥青路面的压实度。在进行碾压施工作业过程中，应把碾压施工技术的应用重点放在碾压速度和碾压次数之间的相互制约上，但考虑到会造成碾压效率的降低，所以应对碾压速度进行严格控制。通常情况下，碾压速度需要严格控制在每小时 2～4 km，由于项目沥青路面使用的是轮胎压路机，所以施工人员要依据具体的施工状况，合理进行碾压速度的调整，但都不应超过 5 km/h。由此可见，沥青路面碾压施工速度如果较快会影响路面的压实度，容易造成沥青混合料之间存在较大的空隙，从而出现质量问题。

（五）沥青路面接缝施工及压实技术

在公路工程沥青路面的施工过程中，除了需要重视摊铺和碾压施工技术，还需要重视接缝施工和压实施工技术，其能够有效控制沥青路面的质量。在实际施工过程中，要想保证接缝施工质量以及行车舒适性与安全性，就需要对接缝进行高质量处理，这样才能够更好保证沥青路面的使用寿命。为了保证沥青路面的施工质量，接缝处理最好都能够采用热接缝施工。当采用热接缝进行纵向接缝处理时，若是利用摊铺机进行梯队施工作业，需要预留 10～20 cm 的空间暂不碾压，在这个范围内会产生厚度为 5～10 cm 的摊铺重叠层，最后按热接缝处理方式来进行跨缝碾压，以消除接缝。针对横向接缝，采用热接缝施工时，预留 20～30 cm 的空间暂不碾压，将其作为后续摊铺的基准面，后续路面摊铺部分完成后立即按热接缝处理方式，进行骑缝碾压，以消除接缝。若在实际施工过程中，热接缝施工存在困难，可适当采用冷接缝施工。

三、沥青路面施工质量控制策略

（一）人员的合理有效控制

在公路工程沥青路面施工过程中，各个环节均需要把施工人员作为重要载体，无论是用人工，还是用施工机械进行路面的修整，都需要通过施工人员来完成，因此施工人员的职业素养以及专业水平直接影响了沥青路面施工的质量控制效果。施工单位必须要重视对施工人员上岗前的专业培训，通过构建相关作业准则以及考核制度，使其工作得以量化。在施工人员上岗之前，项目部技术负责人必须要进行安全和技术交底，确保每项关键工作都能够得到有效控制。施工单位也要能够为管理人员和施工人员提供多方面学习的机会，使其能够掌握先进的施工工艺和机械设备操作方法，同时也要引入高素质专业化人才，组建专业化技术团队，提高施工人员整体水平。

（二）施工机械的控制

由于沥青路面施工机械化水平较高，所以施工机械设备直接影响沥青路面施工的质量。确保施工机械设备的稳定高效运行，是提升公路工程沥青路面施工质量的关键。在沥青路面施工过程中，使用的机械设备数量较多，如沥青混合料拌和设备、摊铺机和压路机等，因此施工单位需要对施工机械设备进行定期维修和保养。在开始施工之前，要严格检查机械设备的运行状态，确保施工机械运行的稳定性，以此来为沥青路面施工质量的提升提供强有力的支持。

（三）材料质量控制

公路路面施工所使用的材料的质量直接影响着公路工程项目的施工质量。施工所使用的原材料必须要严格依据设计方案进行配比和生产，并且要定期或不定期进行质量抽样检查，以确保原材料质量符合工程项目要求。另外，对于沥青混合料的质量控制也要能够从多个方面来进行考量，包括原材料粗集料与细集料的压碎值、密度以及细度。对硫化物、砂当量和集料黏附性等相关指标也要进行严密的检验，以确保混合料的质量和性能能够满足施工要求。在原材料进场前，相关人员需要进行随机抽检，并仔细检查材料的生产日期、质检报告以及数量，严禁不合格原材料入场。

（四）施工方法的控制

公路工程沥青路面施工过程比较复杂，存在众多不确定性影响因素，所以在确定施工方案之前，必须要进行施工方法和相关施工技术的妥善准备。在应用施工技术之前，负责人需要深入一线施工现场进行勘查，并严格依据相关要求进行数据测量，按照相关需求特点进行施工技术的调整，在充分掌握施工现场实际情况后，对机械设备和施工人员进行合理配置，对施工技术方法进行合理调整。但要注意的是，对于一些创新或改进的施工技术需要进行严密的试验和施工结果评估，确保创新或改进的施工技术能够达到公路工程项目施工要求。

（五）沥青路面施工质量检测和评定分析

在沥青路面施工过程中，多种不同施工技术因素或人为因素常常会引发质量问题，主要原因就在于在当前沥青路面施工过程中，施工单位大多缺乏对施工质量的检测和准确的自我评定分析。为确保沥青路面施工质量，在施工过程中需明确相关施工技术要点和施工流程，并构建科学合理的施工计划方案和施工目标，辅以合理的施工监督管理体系，明确各环节施工责任，并定期或不定期进行沥青路面施工质量检测抽查。检查材料的各项性能指标和摊铺碾压过程中现场施工的质量水平，对施工质量进行严格的监测与精准的评定。一旦施工质量没有达到工程项目标准，需要立即进行调整，对于质量不达标的部分要及时铲除并进行返工，以进一步提高沥青路面施工质量。

第六节　水泥混凝土路面施工

我国是一个幅员辽阔的国家，不同地区拥有不同的自然条件，不同地区路面施工面临着不同挑战，因此要因地制宜，合理制定施工方案，进而对施工质量进行有效控制。与其他类型路面不同，水泥混凝土路面具有稳定性和耐久性，对重荷具有较大的承载力，适用于机场路、城市公路及高速公路的建设。随着我国交通事业蓬勃发展，水泥混凝土路面工程发展迅速，作为路面工程中的重要部分，水泥混凝土路面施工技术也得到了很大提高，然而现阶段混凝土路面施工仍面临着许多棘手的问题，路面施工技术仍有待进一步提高。

一、路面基层

水泥混凝土路面在抗压强度、弯拉强度、抗磨耗性能方面表现突出，能够满足公路施工质量要求。从水稳性以及热稳性方面来讲，混凝土路面呈现出来的性能都很好，不易出现老化现象。在公路施工过程中，采用水泥混凝土路面施工技术能增强道路的稳定性，提高项目质量，进而延长项目使用寿命。

二、水泥混凝土路面施工技术优势

在公路路面施工过程当中，水泥混凝土路面施工的方式运用得比较广泛。水泥混凝土材料所浇筑铺设的路面具有比较强的承受力及负载力，且相较于其他材料而言，水泥混凝土施工材料不易受到破坏。在施工过程中，采用水泥混凝土路面施工技术有助于延长公路的使用年限。此外，应用水泥混凝土路面施工技术进行公路施工，能够有效提高工程施工速度，在一定程度上有效降低施工成本。

三、水泥混凝土路面施工要点

（一）施工准备、配合比设计

开工前，建设单位组织各参与单位进行技术交底，施工单位根据设计图纸、合同、设备及工程条件编制施工工艺，组织各技术人员进行全面的培训，同时施工单位需对现场平面和高程控制桩进行测量校核，以确保测量符合相应规范要求。根据水泥混凝土路面等级要求选择符合技术要求的原材料。要充分了解生产厂商，仔细核对各原材料的出厂合格证明、质保单等，符合要求的原材料方可进场。根据路面等级要求科学设计混凝土配合比，确保配合比符合技术要求。施工期间混凝土配合比应根据气候和运输距离等因素进行质量控制。可通过采用减水剂、引气剂或其他外加剂对配合比进行适当调整。实践表明，外加剂掺入量是影响混凝土性能的重要因素，确定外加剂掺入量是十分必要的，可以通过现场混凝土试拌确定外加剂掺入量，最终选取符合工作性能要求的掺量作为掺入值。

（二）摊铺设备

水泥混凝土路面施工根据公路等级要求选取摊铺机械设备，目前摊铺机主要有滑模摊铺机、轨道摊铺机、三辊轴机组、小型机具及碾压混凝土机械等。其中三辊轴机组主要由整平机及振捣机等组成，施工前需预支模板，整个安装主要由人工完成。三辊轴机组操作简单，但铺筑速度较慢，且要求人员配合良好，而人为因素对路面平整度影响较大，因此不适用于高等级公路，高等级公路一般采用滑模摊铺机。

（三）路基、基层和封层的检测与修整要点

现行规范要求路基稳定、密实、表面平整，对路面结构具有均匀支承的作用。当基层出现裂缝、凸起或碾坏等现象时，要及时采取适当措施进行有效的修复。采用重新铺筑的方式修复时，修复材料需采用与基层相同的材料，设胀缝板横向隔开，胀缝板应和面层胀缝对齐。外界温度梯度使得基层产生温缩裂缝，其他水泥稳定路面基层易产生干缩裂缝，修补时通常采用沥青密封，并在裂缝上覆盖土工布、油毡等，覆盖宽度及距裂缝最短距离应满足要求。为了与面层紧密切合，基层纵横坡一般与面层保持一致，横坡不得小于面层横坡。对于纵向裂缝，可增设补强钢筋网进行基层稳固，对于小面积破损，应挖除破损材料，采用贫混凝土进行修补。对于表面裸露的粗集料，宜采用沥青封层进行局部修复。总之要在确保基层密实、平整后方可进行摊铺工序。

（四）施工技术

水泥混凝土路面施工通常采用模板安装技术，此技术既能保持路面厚度均匀、边沿线整齐，还能保持路面外观平整。混凝土模板安装应考虑后期面板的变形和漏浆问题，为了解决这一问题，宜采用支架对模板进行加固，另外模板高度应大于混凝土路面厚度。路面施工平整度受布料、传力杆、搓平梁、抹平板等影响，因此施工时混凝土布料应均匀分布，路面中间施工时适度增加布料。实践发现搓平梁小于顶模板后沿的高程越大，搓平梁的挤压搓平作用就越大，从而使得路面平整度越高。抹平板的板底压力和纵向的摆动影响路面平整度，在施工过程中，技术人员应及时调节抹平板位置，校准底板高程和机器行驶方向。在摊铺机调整好后可进行混凝土施工，要使摊铺机保持匀速作业，合理控制混凝土坍落度，当坍落度发生变化时需及时调整行驶速度，先调整振捣频率，再控制行驶速度。摊铺机自重、四履带支反力越大的摊铺机稳定性越好。研究表明，纵坡坡度对路面施工有一定影响，当纵坡大于1.5%时，施工宜沿着下坡方向进行。保持混凝土的布料均匀性可有效降低其推料阻力，提高摊铺效率。

路面施工受挤压顶板影响，挤压顶板前张角不应大于 15°。施工时搓平梁和路面高程一致，但比挤压底板略低一定高度。

（五）路面修整、接缝处理

水泥混凝土摊铺出现溜肩、倒边现象时可设置支撑侧模，以便对凹陷处进行及时修补。面板接头处出现局部缺陷时，可使用水准仪进行抄平并对缺陷进行修补，从而确保接头顺直。混凝土路面纵缝通常采用平缝加拉力杆的方式，纵缝线条应平顺，与面板垂直，与路面中线平行。横缝依据其设计间距进行布置。胀缝使得水泥混凝土面板在温度升高时能自由伸展，从而消除因温度变化大而产生的温度应力。实践证明，受水泥水化及温差变化影响，混凝土内部产生拉应力，混凝土面板极易产生裂缝，可通过设置胀缝减缓此类现象。

（六）路面养护

混凝土路面受水泥水化热及外部温差变化等因素的影响容易产生裂缝，另外若混凝土浇筑后直接暴露于外界，其表面水分蒸发很快，过度失水使得水泥不能充分水化，从而引起混凝土表面出现片状或粉状脱落。因此，混凝土施工完成后，要及时对路面进行养护。养护应结合当地气候实施，一般在混凝土表面修整完成后进行，通常采用稻草、麻袋或其他覆盖物覆盖，在高温时洒水保持潮湿，养护期间禁止车辆通行，直到路面强度达到要求后方可通行。

第三章　公路项目管理

第一节　项目进度管理

公路工程的施工进度管理主要目的是保证公路工程在施工质量达到要求的前提下能够如期完工。公路工程的施工成本与工期密切相关，工期多延长一天，所产生的人工成本、机械设备损耗成本、动力燃油成本等都将有所增加。在市场竞争如此激烈的今天，任何的工程成本都应纳入考量的范围内，如果能够提前完成任务，那么带来的收益也将很可观，但是如果为了赶进度而忽略了施工质量，在后期的养护工作中还需要耗费更大的人力和物力。

一、公路工程施工进度管理的要求

公路工程施工进度管理是工程管理的重要内容，工程进度的确定，一般发生在工程的招标环节中，施工单位要对整体的工程有一个合理的规划，在确保工程质量的同时，在合同规定的时间期限内完成工程的全部任务量。能否落实工程规划的进度是考验一家施工单位的重要指标，这直接关系到施工单位的口碑和信誉，因此做好公路工程施工进度的管理工作是非常重要的。由于公路工程施工中常常会出现一些干扰性的因素，因此在制定整体的工作流程时务必与实际情况紧密结合，随着施工进度的不断变化，在动态的过程中统筹好施工质量和施工进度的关系，严格执行制定好的计划，否则会给整体的项目施工造成很大的影响。

二、公路工程施工进度管理的重要性

（一）提高工程质量

公路工程的项目规模庞大、线路长，为完成施工目标，往往需投入大量的资源。在现场施工作业的过程中，任何一个环节出现问题，都可能会打乱原有的施工计划。为提高施工效率和质量，施工企业需做好现场的协调工作，为各个环节的施工作业创造良好的条件。在工程项目中实施进度管理，可逐步提高工程的建设施工质量，实际上在公路工程的施工过程中，工程进度和质量之间存在着紧密的联系，一旦缺乏对二者关系的把控，将会影响最终的施工质量。比如，部分施工企业在施工建设的过程中过于关注自身经济效益，在工程现场存在盲目赶工的情况，过快的施工速度将很难保障每个环节的施工质量。因此，工程施工企业需在施工建设的过程中加强进度管理，使现场每个环节的施工作业都能够按照相应的规定来开展，确保工程质量目标的实现。

（二）降低成本，提高综合效益

由于公路工程的特殊性，在此类项目的实施中，往往涉及多个主体，如投资方、业主方、施工方、监理方，因此在整个工程建设的过程中，需落实施工进度管理工作，处理好不同主体之间的关系，使不同工序保持紧密衔接。公路工程为高投资项目，整个项目中的机械成本、人力成本等都是非常高的，一旦延误进度，必然会造成很多损耗，当投资方蒙受了巨大的经济损失后，可能会导致资金链断裂，造成项目停工。因此，施工企业需全面开展施工进度管理，由专业的管理人员来负责对整体现场要素、流程的协调，对工程成本实现有效的控制，进而提高工程项目的经济效益。

三、公路工程施工进度管理中存在的问题

（一）缺乏对不确定性因素的控制

在公路工程项目实施过程中，进度管理是不可忽视的重要方面，但由于公路工程施工周期较长，在漫长的施工时间段内常常会存在很多不确定性因素，当工程项目中存在一些不确定性因素时，势必会打乱原有的施工进度计划，进而产生连锁反应，导致工程无法在合同规定工期内高质量完成。现阶段的很多公路工程项目，在具体实施的过程中由于缺乏对进度影响因素的有效控制，往往会对正常的施工作业产生巨大的干扰，进而导致项目施工无法正常开展。

（二）未协调好进度、成本、质量之间的关系

公路工程中的施工进度往往与工程成本、质量等都有着直接的关系，为确保进度管理目标的实现，在开展进度管理的过程中，施工企业必须立足项目本身的特点，处理好进度与成本、质量之间的关系，确保进度目标的实现。但在实际的施工建设过程中，很多施工企业在开展进度管理时往往不重视进度、成本、质量之间关系的协调，盲目赶工，造成成本的浪费，进而导致每个环节的施工质量都无法达到标准。

四、公路工程施工进度管理的有效措施

（一）施工准备阶段

1.施工物资的保障

在公路工程项目实施过程中，往往需要投入大量的设备和材料，物资供应是否及时，将直接影响施工进度，因此物资对于公路工程建设施工的重要性不

言而喻。但在实际的公路工程施工中，很多公路工程都位于环境条件相对恶劣的地区，部分路段位于偏远地区，交通条件较差，混凝土、钢筋、砂石料等各种施工材料在偏远地区的产量有限，且运输不便。为避免物资供应不及时而导致的进度延误，在前期的施工准备阶段，施工企业需根据施工过程中的材料需求，做好充分的物资保障。在施工作业开展之前，应由专人根据施工中的材料需求，进行相应的采购。在施工企业确定了施工的主要材料后，要根据材料的特性选择恰当的区域进行储存，如果公路工程的线路较长，也可结合材料的需求情况分段存储，如果有需求，材料供应商也可直接将施工企业所需的材料运输到指定的区域。但部分公路工程项目的现场条件有限，可能无法满足材料大量存储的要求，在这种情况下，施工企业需在前期的施工作业中，结合对现场情况的调查，统计好每个路段中的材料需求，在此基础上拟定材料采购和仓储计划。

2.施工便道设计

在公路工程项目实施中，往往涉及施工便道的设计与施工，这些环节也会消耗一定的施工时间。对山区公路工程项目建设而言，涉及的便道、临时桥梁建设尤为重要，只有保障了这些便道和临时桥梁的建设质量，才可在工程建设的过程中保证材料、设备能够顺利进场，施工人员能够正常通行。由于便道施工会影响施工进度，在工程建设前期，施工企业应根据有关人员的现场调研结果，综合多方面的因素开展规范化的施工便道设计。施工企业在设计施工便道时需注意以下内容：便道选线极为重要，一般应在施工条件好、线路简洁、地质条件优越、地形地貌变化小的区域设置施工便道；有条件的情况下，针对施工便道，应加大对预制钢结构或者混凝土构件的使用，整体的施工难度较小且施工效率高；部分土石方与路基工程可同步开展；考虑大型车辆进出的需求，需科学选择车辆交会地点。

（二）施工期间

1.合理安排施工工期

在公路工程项目施工过程中，绝大多数的施工地点都是野外或乡镇，这些地区的环境条件相对恶劣，在开展现场施工作业的过程中，受到自然因素的影响大。为使现场施工作业高效开展，需要在施工作业进行的过程中充分考虑现场的气候、地质等条件，开展有针对性的进度安排，进而制订最佳的进度计划。我国南北方的气候差异相对较大，如果公路工程施工恰好在冬季，一旦出现降雪的情况，施工作业就要停止；而在南方，夏季降水较多且气温偏高，一些施工工序可能会受影响，比如混凝土、沥青等材料无法在高温和降水天气下凝固，无法保障施工质量。因此，对于公路工程的建设施工作业而言，每一个施工工序的安排都要考虑当地的气候和环境条件，尽可能避开恶劣的气候条件。比如，如果是北方地区的公路工程，可将施工时间定在春夏两季；而南方地区的公路工程，可选择在秋冬季节施工。部分公路工程项目的线路相对较长，在这种情况下，为完成施工任务，往往需跨季节施工，为使施工作业顺利开展，需要提前根据对现场情况的考察结果，制定相应的应急措施和策略，这样即使在施工作业中遇到了极端的气候情况，也可快速启动应急措施，减小这些因素对施工进度的干扰。比如，在一些南方地区的公路工程项目中，为应对山洪，一般要提前在公路基层临近地表径流来向的区域开挖一条截水沟，使该截水沟能够起到对山体雨水的阻挡作用。对于场地中的雨水，可采用地坪放坡处理的方式，保障雨水的顺利排放；对于地势低洼地段，需根据现场情况设置雨水泵站，以实现顺利排水。

2.积极引进先进的施工工艺

公路工程项目往往涉及多种施工工艺和技术，在不同的环节，所涉及的工艺技术也是有所区别的，同一个施工环节可能有多种工艺选择，不同工艺下的施工时间或者施工难度都是不同的。公路工程中的土方、石方挖填和隧道桥梁建设工程量大且常常面临技术难题，通过积极引进先进的施工工艺，可克服技术难题，还可降低施工难度，减少施工量，也就可缩短工期，对进度管理目标的实现非常有利。因此，在各个施工环节，在条件允许的情况下，施工企业应该重视新型工艺的应用。比如，针对石方开挖，大部分施工企业采用的是爆破法、锤击法，利用这些施工方法虽然可完成施工目标，但整体的施工效率偏低，且操作难度较大，一旦操作失误，可能引起巨大的人员伤亡，还会破坏环境，此时可选择静态爆破法替代原先的施工方法。采用静态爆破法时，施工作业的安全性更高，对环境造成的危害较小。

3.加强现场进度管理

（1）引入多种方式，对现场管理人员开展专业化培训，通过培训提高管理人员的现场把控能力，使得现场出现突发性问题时，管理人员能够根据实际情况，快速制定最佳的处理措施。在公路工程施工过程中，要定期组织相关岗位的管理人员开展相应的交流，针对工程管理方面的各种问题展开详细的讨论。

（2）细化进度管理责任，根据整个工程项目的施工要求、进度目标，将进度管理的责任落实到工程内部部门的各个岗位人员上，通过责任的全面落实，使各个部门的岗位人员都能够在自身的工作中切实履行好各自的职责，以保证现场施工按照进度顺利开展。

（3）增强现场管理人员的主观行动能力，在施工企业内构建奖惩机制，确保每个管理人员都能够积极、主动地参与进度管理工作，增强管理人员思考、分析和解决问题的能力。

4.施工进度动态化与过程化管控

在公路工程项目中，由于现场情况复杂，在进度管理的过程中，必须落实动态化和过程化的管控原则和要求，使工程管理人员、施工人员能够及时根据现场情况进行相应的调整。实际上，公路工程施工现场遇到的突发性问题相对较多，如机械设备故障、极端恶劣的天气等，这些因素会导致工程现场的施工作业无法按照进度计划来展开。为实现良好的施工进度管理，负责进度管理的相关人员要在实际的工作过程中全面落实动态化和过程化管控的要求，密切监督现场的工程进度，一旦发现实际进度与计划进度存在不一致的情况，需立即上报相关部门，并由多个部门根据现场情况开展相应的讨论，对工程进度进行灵活调整和把控。在施工企业内部，应制定完善的进度管理制度，在整个工程项目建设实施过程中必须严格执行该制度中的各项规定，在保障工程顺利开展的过程中，加强不同工序的衔接，确保工程进度管理目标的实现。

在公路工程的建设施工过程中，常常会出现进度延误的现象，使工程建设施工无法顺利开展，从而造成较大的经济损失。因此，各个公路工程项目都应该重视进度管理，加大在施工进度管理方面的投入，确保工程施工按照进度计划开展。

第二节　项目质量管理

随着社会的快速发展，城市建设也在不断进步，城市的发展推动了公路工程的建设，加快了公路建设的步伐，对于公路工程施工质量管理工作产生了重大影响。目前公路工程施工质量管理问题备受关注，但是仍然存在一些不足，如果不重视这些问题，放任其发展，那么对于公路建设的长远发展是非常不利的。工程施工质量管理对公路建设起到了质量上的监督作用，能对施工过程中涉及的技术和人员进行规范要求，保障公路合理建设。

一、公路工程施工质量管理的特性

和其他工程质量管理相比，公路工程施工质量管理非常复杂，施工当中的工序和分项工程众多，每项工程使用的技术又有所不同，对施工当中选择的方案要求更高。公路工程施工要求施工人员和管理人员同时具备丰富的施工经验和较高的专业水平，并且还要完善施工技术，不断进行学习和创新。公路工程施工建设还会受到自然因素的影响，建设环境相对复杂，给施工质量管理带来一定的难度，给施工质量带来很大影响。

二、公路工程施工质量管理的现状分析

（一）人为因素的影响

公路施工中的人为因素分为很多种，首先是施工人员方面，公路施工人员大多为务工人员，这些人员的技术水平偏低，并且部分人员对于故障制度不够重视，在现场操作中很难按照实际要求进行，导致现场工作经常出现落实不到位等问题，进而导致公路的施工质量管理受到多方面的制约，造成施工质量下降。其次是施工管理人员的影响，公路工程建设受到经济体系的影响，在公路施工质量管理过程中，多数企业缺少有效的管理措施，没有建立完善的管理体系。加上施工过程中存在不确定性，企业无法对施工当中的问题进行有效防范。大部分企业多由安全员负责施工管理，但是没有明确让安全员制定风险管控等方面的方案，导致整个施工项目管理存在缺陷。

（二）施工材料和设备方面的影响

公路施工材料是影响公路质量的一个重要因素，由于目前管理体系的缺失，加上监管力度不足，部分施工单位追求低成本、高收益，且存在偷工减料的现象，这导致施工过程中使用的材料不符合规范要求，进而导致公路施工的质量出现问题。公路工程施工出现问题不只是施工单位的原因，工程验收部门也存在问题，工程验收部门工作落实不到位，公路施工存在的问题没得到排除，最终都会影响公路的正常使用。公路工程施工需要使用机械，工程使用机械的情况与施工质量也存在联系，因此制定合理的施工方案，选择合理的机械数量、

类型非常关键，是控制公路施工质量的一个方面。

（三）公路施工管理制度方面的影响

近年来，随着公路建设速度加快，公路工程的规模不断扩大，公路建设的难度也不断增加，公路工程的质量管理方式也朝着现代化的方向发展。而在这样的形势下，想要保障公路工程的质量，需要实行与之相适应的管理方式，这样才能够切实保障工程的质量。在现阶段的公路工程质量管理中，仍然存在管理不够规范的现象。由于公路工程质量管理难以落实到施工的每一个环节当中，在施工的过程中可能会出现质量问题，甚至可能会发生安全事故，这不仅会影响公路工程建设的效率，同时还有可能会威胁到施工人员的生命安全。因此，应当结合当前公路工程管理发展的现状，对质量管理控制方案进行优化和完善，只有这样才能够推动公路工程施工顺利且高效地进行，并且从根本上保证施工的质量。

三、公路工程施工质量管理控制方案

施工质量管理控制是工程管理重要的一部分，在公路建设当中发挥着重要作用。进行公路工程质量控制可以让施工人员和管理人员认识到施工质量的重要性，从而提高其积极性，从而提高施工效率。同时施工质量控制可以为工程提供人力和物质保障，让施工人员遵守相应施工制度，防止施工当中出现质量问题，降低施工成本，减少浪费。同时良好的质量管理方式可以促进对施工当中各种资源的利用，加快施工建设速度，在保障施工进度的同时提高工程收益。

（一）加强人员管理工作，提高施工人员整体水平

施工人员是公路建设的参与者，其技术水平是影响工程质量的一个因素，因此施工单位必须打造一支高素质的建设团队，通过雇佣长期的施工人员，落

实管理方案，确保施工人员之间的默契度得到提高。对入职的新人定期进行培训，进行施工三级教育，落实上岗责任制，确保施工人员持证上岗。引进先进的管理型人才，定期对管理人员进行专业技术和管理知识方面的培训，通过使其学习其他工程优秀的管理方案，最终达到提高公路施工质量管理控制水平的目的。做好施工技术交底工作，施工以前要做好书面交底工作，由技术人员向施工人员发布施工方案，明确施工图纸设计的要求、变更情况，对于关键部位的施工制定严格的实施方案，让所有施工人员做到心里有数。对于施工当中难度系数较高的区域，要先进行设计分析，进行现场实际考察，让经验丰富的人员进行指挥。

（二）制定材料管控方案

加强材料的采购管理，做好材料的市场调查工作，在材料进场以后做好分批次验收工作，对材料进行现场试验，杜绝使用存在问题的材料。材料进场以后要落实好存放工作，材料的堆积位置要避免太阳暴晒，同时还要分类堆放材料，保障后续施工的顺利进行。在使用材料的过程中，要做好全程追踪工作，记录好材料使用的位置和数量，以确保施工中如果出现问题，可以找到相应的解决方案，进而提高公路工程施工的整体质量。

（三）做好机械的管理工作

公路工程经常使用一些大型机械，要选择合适的进场机械类型，以降低工程成本，加快工程进度。由于公路工程施工具有复杂性，经常受到当地环境因素的影响，给施工带来一定的困难，因此施工中要因时制宜、因地制宜，制定应急方案，能够应对施工中出现的问题，同时对机械进行合理组合，让机械发挥出最大的作用。在使用机械进行施工以前，要做好维护和保养工作，要定期进行机械的维护工作，做到半个月进行小保养、一个月进行大保养，让机械一直处于良好的工作状态。在公路施工当中合理使用机械可以避免很多问题，机械要由具备专业证书的人员驾驶，严格按照施工流程进行操作，不冒险作业，保障施工进度。

（四）做好施工质量管理控制

1. 做好质量管理体系的建设

公路施工单位要按照国家的规定制定严格的施工管理方案，健全目前的管理体系，建立工作责任制度，针对不同岗位的人员制定不同的管理方案，保障人员按照要求进行施工。落实每个管理人员的责任，按照层级进行施工管理。同时制定奖惩方案，奖励符合工程进度和质量要求的人员，提高建设人员的工作热情，惩罚存在问题的人员。另外，施工质量管理体系要明确施工方案和技术的要求，保障施工符合质量要求。

2. 施工以前做好质量准备工作

在公路工程施工开始前要明确质量目标，制定完成质量建设的方案，提升员工完成目标的意识，在前期做好准备工作。认真研究合同，了解其中的技术要求，并将要求细分给每个部门，工程建设开始以后，使施工人员了解要完成的目标和质量要求，以科学地执行建设任务，为公路工程质量控制提供基础保障。对于公路的具体施工要求要分清楚层次，在项目施工以前要对人员进行培训，使其熟悉公路的质量以及技术要求，建立相应的考核机制，增强施工人员的施工意识，为整个工程的质量提高奠定基础。施工以前要对相应的机械做好检查工作，结合可能遇到的问题制定风险处理方案，做好一切准备。同时公路施工中要落实施工以前的测量工作，以为后续施工提供数据保障。施工以前相关人员要对路线进行精准计算，计算出公路的高程，确保后续施工不会出现较大误差，保障后续建设的质量。

3. 做好施工当中的监管工作

在公路施工质量管理当中要落实好监管工作，为后续工作提供质量保障，在施工前，监督人员要对现场施工技术有一个具体的了解，在施工过程中要让工人严格按照要求施工，确保后续施工不会出现较大误差，保障后续建设的质量。同时加强对使用的材料的检验工作，对已经完成的施工项目进行质量检测，确保使用的施工材料符合标准，并且要对使用的材料进行规划，设置相应的材料管理人员，确保材料的使用符合相应的要求。在进入施工现场以前要对材料进行抽检，避免不合格材料的出现，要妥善管理材料，确保材料不会因为存储不当而出现质量问题，在相应的地点设定实验室，为公路全线建设提供质量保障，提高整个公路施工的质量。

（五）公路工程施工质量管理方式

公路工程施工质量控制分为工序、分项工程、分部工程、单位工程以及整个项目的质量控制，公路工程的质量控制分成施工以前、施工中和施工以后的控制，要确保每个阶段都有完善的控制方案，只有每道工序循序渐进地进行，才能保证工程质量。施工当中对每道工序使用的人、机械和材料进行检验，保障每道工序都符合施工要求。施工当中严格落实责任制，确保每项工序完成以后都有负责人签字，在开展下一道工序时要做好交接工作，严格执行施工条例，避免质量问题的产生。工程建设完成以后进入整个项目质量的检验环节，要根据施工的设计方案以及合同，按照公路工程质量检验标准进行验收，对公路每道工序进行检测，保障每道工序的质量都符合要求。

公路工程是复杂性的工程，施工的质量决定了公路整体质量。科学的管理系统能够增强公路工程的稳定性，确保工程顺利进行，同时能减少工程中可能出现的质量问题。公路工程的管理人员需要不断吸取新的专业知识，并且结合过去的经验和教训，丰富自身的管理经验，确保工程正常有序地进行，从而保障公路工程建设的质量，提高公路的安全性，构建完善的交通网络。

第三节　项目安全管理

目前公路工程施工项目不断增加，施工单位也日益增多，在这种情况下，要以"安全第一、施工第二"为首要原则，为项目工程更好地实施施工现场管理、质量保证监督及各方面的安全管理奠定基础。

一、公路施工的安全特点

（一）事故类型多样

现有的调查数据显示，在进行公路项目施工的时候，主要会出现物体打击事故、车辆伤害事故、高空坠落事故、触电事故和坍塌事故，这五类安全事故在全国范围内都是发生率比较高的安全事故，在总事故发生率中约占81%；而施工人员伤亡的事故涉及范围更广。

（二）事故发生地集中

对公路工程项目开展的安全事故调查结果显示，事故主要发生于隧道工程、桥梁工程和路基路面工程中，相对而言，这三类工程项目的安全事故发生频率比较高，桥梁工程项目的安全事故约占安全事故总数的47%，路基路面工程项目的安全事故约占总数的29%；相对而言，占比比较少的是隧道项目，仅占安全事故总数的19%。在这三类占比比较大的安全事故中，桥梁施工项目的死亡人数约占总人数的44%，而路基工程施工项目和隧道施工项目也分别占据了27%和25%的高额比重。

（三）安全事故的多发性

公路工程在建设的过程中，随时可能会发生安全事故，人们难以预计什么时候会发生什么样的安全事故。但是，有关学者在统计数据的过程中发现，相同类别的安全事故会重复发生，比如说，路基路面的坍塌事故、员工触电事故和高空坠落事故等。所以，我们可以依据事故发生的种类和频率找出公路工程施工过程中的内部规律，然后针对事故发生的原因和规律，制定切实可行的安全防范措施。

二、公路施工中安全管理存在的问题

（一）施工人员安全意识淡薄

在公路施工的过程中，必须要向施工人员灌输安全意识，让施工人员养成安全习惯，这样就会减少施工人员在施工过程中的不安全行为，否则就会出现违规操作的现象。在公路施工的过程中，施工人员要本着以人为本的原则，形成"安全为我，我为安全"的思想理念，时时刻刻为公路项目的安全问题着想，随时做好监督管理，帮助工地减少安全事故，将安全问题扼杀在摇篮之中。

（二）施工设备的安全管理问题

在一些项目的施工过程中，很多安全事故是由于施工的设备设施未进行安全检查或者是因为工作人员违规操作导致的。在公路工程施工的过程中，若施工的设备发生安全故障，就可能会造成一定程度的安全事故。那么加强对公路工程项目施工过程中现场的设备设施的管理工作，定期对设备设施进行检查、维修以及保养，及时发现设备设施的问题并进行修理，是十分必要的。

（三）公路施工环境影响安全管理

在山区进行项目的施工时，由于环境比较恶劣，有时无法找到合适的工作场所和作业面，所以在工作的时候尤其要注意安全。一方面，公路工程项目在施工的过程中容易受到山体滑坡、暴雨天气等恶劣自然环境的影响；另一方面，公路工程施工项目有可能还会受到本地居民的影响，部分地方的居民不同意修筑公路，甚至会出现破坏所修筑公路的现象。所以自然环境和人文环境也会影响到施工过程中的安全性。

（四）工程分包带来的安全管理问题

在安全管理问题上，必须要重视常见的有关工程分包的问题，有的公路工程属于一级分包，而有的工程项目属于层层分包，那么在施工之前必须要弄清楚总承包商和分包商之间的关系，要使二者之间相互配合，不能出现以包代管或者是包而不管的现象，这两种现象是公路工程项目在施工现场可能出现的最大问题。在分包合同中，相关的安全责任条款对大部分的分包商而言，很难起到约束作用，应通过提高总承包商的管理水平来进行更高层次和更高水平的管理，制定相应的奖励和惩罚措施。

三、公路施工安全管理措施

（一）落实安全施工责任制

在公路施工过程中，之所以会出现许多安全事故，主要是由于施工企业没有设立严格的管理机构，导致出现安全事故时，没有管理人员进行管理。所以，要想解决这一问题，就需要企业建立专门进行安全管理的组织和机构，而该机构人员所从事的工作就是进行安全管理，只要涉及安全问题，都由此部门全权负责。此安全部门的主要职责就是负责施工现场的安全，对施工现场进行安全管理，研究和制定施工过程中的安全管理措施和保护工作人员人身安全的条例，对施工现场的行为进行监督和管理，严防死守，禁止出现任何引起安全事故的因素。若出现安全问题，此部门要以最快的速度调查出与事故相关的情况，了解事故的真相，调查出事故发生的原因和过程，以防下次发生同类型的安全事故。

（二）构建完善的风险预警机制

安全风险管控在公路工程项目中的重要性不言而喻，风险预警是安全管理中极其重要的组成部分。预警系统可以分为四个模块，分别是监测、度量、评价、识别。这四个模块在整个预警系统中分别发挥着不同的作用，比如风险监测模块，其主要作用就是对施工作业过程进行监测、对风险进行识别、分析风险问题所具有的特征以及具体影响；度量模块主要对风险事故的发生率和具体影响进行评估计算，并形成风险清单；评价模块和识别模块的主要作用是将上一模块分析所得结果和实际风险指标进行比对，如果最终所得比值不在标准范围内，则说明发生风险的概率较高，由此就需要及时采取有效防控措施并加以处理，防止出现风险问题。因此，施工单位必须形成完善的风险预警机制，以此确保安全风险管控工作有效进行，避免造成严重影响。

（三）建立信息化安全管理模式

近年来，随着科学技术水平的不断提升，公路工程安全管理工作中也融合了许多先进的科技手段，而管理工作的信息化转变则是最为瞩目的成就。具体而言，安全管理工作的信息化转变，一方面实现了安全管理的自动化和智能化，通过专业的感知设备、监控设备以及人工智能技术能够实时监测施工现场的安全隐患，并对其进行分析和预警，从而促进安全管理水平的提升。另一方面，信息化安全管理模式的构建进一步强化了施工人员的安全意识，从而使其能够正确穿戴安全防护服以及进行规范操作，由此大大降低了安全事故的发生概率。值得注意的是，信息化安全管理模式的构建需要专业的技术设备，因此需要相关建设单位加强相关方面的资金投入。

（四）建设高素质管理人才队伍

在公路工程施工现场安全管理推进过程中，管理人员的专业能力和职业素养往往起到了不可忽视的作用，由此也需要公路工程建设单位积极打造一支高素质安全管理人才队伍。具体而言，首先，公路工程建设单位要注重施工现场安全管理岗位的设置，并配备足够的安全员来组织落实各项安全管理工作。其次，鉴于安全管理工作的重要性，建设单位还要注重对安全员业务能力的考核，要求安全员只有达到相关要求后方可上岗作业。最后，建设单位还要注重安全员业务能力的提升，定期组织其参与安全管理相关的技能培训活动，使其在掌握先进管理理念和方式方法的同时牢固树立安全管理意识，从而提高公路工程安全管理工作的水平与质量。

在我国公路工程的建设项目中，公路项目的建设管理工作是建设的核心内容，只有做好安全建设的管理工作，才能够保证公路工程项目的建设质量。相关部门应建立健全相关的法律法规来指导安全管理工作的开展，以减少公路工程项目在实施的过程中的安全隐患，防患于未然。

第四节　项目成本管理

近年来，各地区公路网加密工程在全面实施，各地区不断提高工程建设的投入力度。一些项目施工周期长且环境复杂，增加了成本管控的难度。从成本控制的角度分析，要强化对材料费用、人工费用以及机械设备费用等的管理，探索降本增效的方法，以保障公路工程效益目标的实现，进而高质量推进各项工作。

一、公路工程成本的组成

在项目的效益管理中，成本控制是重点，要结合成本组成特点，实施严格有力的管控措施，防范成本问题的产生。一般来说，公路工程的成本构成如下：一是直接成本，它是工程建设的直接费用，主要包括因投入材料、人工以及机械设备等所产生的费用。其中，材料费用和人工费用占据的比例很高，必须要做好科学合理控制，保障工程效益目标的实现。二是间接成本，公路建设工作的开展，需专门的人员负责统筹和推进，因此会产生一定的间接成本，比如管理费用等。

二、我国公路工程成本管理存在的问题

（一）预算控制不足

公路工程成本控制实施预算管理，对强化费用管理、实现管理目标起到了积极的作用。目前，很多公路工程中都存在预算控制不足的问题，影响到工程效益目标的实现。在预算管理方面一般存在以下几个问题：一是预算编制不合理。公路工程预算的编制，要根据设计图纸和相关资料，精准计算工程量，科学测算所需要的资料和资源，为工程施工管理提供指导，减少资源浪费，保障项目的效益目标得以实现。二是预算执行控制不到位。公路工程成本管理中预算执行控制是重要措施，关系到控制的效果。一些施工单位过于重视安全、高质量施工方面，片面追求施工任务的完成，缺少对预算的控制，很容易出现各类问题，导致预算不符合目标，影响工程效益目标的实现。为强化成本管理，需积极探索优化工程预算管理的方法，强化资金管理，实现对各项费用的有力控制。

（二）成本动态化控制不足

将成本控制贯穿于施工全过程，对公路工程施工管理效益目标的实现具有重要的意义。目前，很多项目都存在着动态化控制不足的问题，影响到整体的效益。究其原因，主要有以下几方面：一是成本控制意识不强。从公路建设实际情况的角度看，施工人员只需要根据施工技术方案和标准，完成相应的作业，而不需要对成本负责；项目管理者只需负责开展安全管理和质量管理，完成设定的任务即可。实际上，成本控制离不开全体人员的支持，若施工人员能够节约用料，严格把控施工作业的质量，减少材料浪费和返工次数等，都可以达到节约成本的目的，从而全面提高项目管理水平；如果管理者能够做好监督管理工作，防范各类问题的发生，则会保障项目的建造效益，获得积极的成效。因此，需积极改变工作人员的理念，增强其成本控制意识。二是缺少有效的管理方法。成本的动态化管理，需要大量的数据信息，由于目前相关企业信息化水平不高，难以为管理者及时提供需要的信息，使得成本的管控面临很多挑战，需加以完善和优化。通过对成本变化的动态跟踪，能及时发现成本控制问题，进而保障成本控制目标的实现。

（三）成本控制效益不高

公路工程成本控制需要围绕测算和评估来实施，以做好严格的控制工作，保障工程效益目标的实现。就项目管理内容而言，管理人员除了需要实施涉及材料和机械设备等方面的成本控制，即"降本"，还需要探索"增效"的方法，这样才能实现项目的效益目标。目前，公路工程管理中降本工作的效果不错，但如何增效还是薄弱点，需重点关注，只有强化对项目的效益管理，才能保障公路工程效益目标的实现。一般来说，实现工程的增效，需要从技术和工艺等方面入手，探索适宜的管理方法，全面提高工程管理的水平，高质量开展各项工作。

三、公路工程施工管理中成本控制的优化策略

（一）采取预算管理模式

公路工程施工管理中采取预算管理模式，能够强化成本控制。首先，需要做好预算编制工作。根据成本控制的需求，在组织开展编制工作前，需要做好资料和信息的采集工作。根据获得的工程图纸、资料以及市场调查数据等进行全面分析，精准计算工程量。充分利用各类智能化算量软件，实现对工程量的精准测算，以获得路基和路面等具体工程的工程量数据等信息，为后续的材料费用测算提供依据。目前，很多智能化算量软件都可以实现精准且高效的测算，能够为测算工作提供支持和帮助。在完成工程量测算工作之后，明确各个分项工程的施工量，对材料人员以及机械设备等的需求量进行分析，以获得相应的数据。基于工程量测算得到的材料需求、人力资源需求以及机械设备需求等方面的数据，能够为成本控制提供更多的支持和帮助。在公路工程施工作业期间，严格对材料以及其他资源使用情况进行控制，实施限额领料制度或者成本目标控制方法等措施，强化对成本的管理，提高资源利用水平。在预算编制环节，通过科学合理设置预算控制目标，强化对预算的全面控制，以保证项目效益目标的实现。

其次，需要做好预算实施环节的管理工作。将预算控制融入公路工程施工中，围绕各个施工阶段，加强对预算的控制，提高预算管理水平。为了保证预算管理目标的实现，需要提升工作人员的重视程度，使工作人员认识到预算在强化成本控制中的重要性，并且积极主动参与预算管理。根据预算管理工作的任务和需求，制定完善的管理办法和工作计划，并将其落实到工程全过程中。对预算执行情况进行全过程跟踪和控制，工程管理人员可以根据施工管理反馈

的信息，结合通过现场调查获得的数据，进行预算控制的评估，及时发现预算中存在的问题，并加以解决。在预算管理工作中，必须严格控制好每个细节和要点，保证预算处于科学合理状态，避免造成重大损失。

最后，要注重优化预算管理。要在公路工程施工中不断引入新理念和新手段，全面提高工程管理的水平，这样在管理方面也会创造更多的效益。结合预算管理的特点，积极探索适宜的管理方法，全面提高管理水平，保证预算管理价值的实现。

（二）提高成本动态化管理水平

公路工程成本控制采取动态化管理模式，能够全面提高成本管理的效率。根据动态化管理工作的需求，加强信息化管理力度，构建完善的信息化项目管理平台，为成本管理提供相应的技术支持，保证各个部门能够有效配合，全面落实成本管理。

目前，很多公路项目都在积极应用智慧化管理系统，开发了专门的成本控制模块，通过集成运用物资管理系统和生产管理系统等，为成本的动态化控制提供有力的数据信息支持。例如，在物资管理方面，能够根据项目的总体需求以及分部分项工程进行具体安排，细化物资管理工作。管理人员在采购和使用等环节可以获得相应的信息。根据获得的物资信息，实现采购的精准化和有效化，减少采购超额或者其他问题的发生。在物资管理方面，也能够实时跟踪各类材料设备的使用情况，及时补充物资，保证施工的有序开展，同时减少物资浪费。采用信息化技术手段，能够全面提高项目物资管理的水平，创造更多的效益，促使项目成本控制的水平得到提高。

除此之外，利用信息化管理平台，各个部门之间能够相互沟通，及时传递物资需求以及工程施工管理信息等，为项目的成本控制提供更多的数据信息，通过深度挖掘数据信息的价值，提升施工过程中的成本控制水平。采取信息化管理手段，能够全面提高项目成本管理水平，降低管理的成本，从而创造更多的效益。管理工作人员可以将更多的精力放到现场的跟踪和监控上，及时掌握生产情况，全面提高项目的成本管控能力；加强对公路施工过程的安全与质量控制，能够减少各类问题的发生。将成本控制落实到全过程，强化对项目整体效益的控制，避免出现不合理问题，防范成本失控问题的发生，保证公路建造的品质和效益。结合成本动态化控制情况，及时进行调整和优化，避免各类风险出现。

（三）强化成本的控制能力

1.认真做好费用控制

明确成本控制责任主体。在公路工程管理过程中，成本控制为主要内容，明确成本控制目标具有重要意义。由于建设中会消耗很多的材料和人力等资源，涉及多样化开支，为实现成本的有效控制，应设置管理目标，强化对各项开支和资源的控制，加大对费用的审核和管理，发现问题后及时纠正，进而保障项目效益目标的实现。根据设置的成本目标，制定管理责任制度，设置具体负责人，明确各个部门的职责和任务，共同推进此项工作。在项目管理中合理安排施工任务，做好支付内容的审核和验收，保障公路施工任务单和限额领料制度的科学性、合理性，将其和工程施工预算做好对比分析，以确定合理的施工任务。实施有针对性的成本控制措施，强化成本控制。从管理的实施角度分析，重点做好以下内容的控制工作：一是材料价格控制。公路路基和路面等的施工作业使用的各类材料成本很高，材料价格是成本控制的重要对象。在材料采购方面，应做好供应商的优选工作，优选最佳的材料，满足公路高质量建造的要求。对使用的材料，必须进行严格的质量检验分析，避免盲目追求低成本而影响到公路建造的质量。二是机械设备成本控制。目前公路施工机械化程度不断提高，由于机械化作业需要机械设备的支持，租用设备或者采购设备等都会产生很高的成本费用。在机械设备的成本控制方面，需注重机械的使用效率问题。一方面，要合理安排机械化作业，高效配置各类机械设备，避免出现设备空置率高的问题，减少租赁费用；另一方面，要做好机械养护管理工作，保障机械设备高效运行，避免产生故障问题而影响整体的成本。除此之外，还要做好现场调度，配置专门的人力负责机械设备的现场调度任务，防范资源浪费，以提升机械化施工作业质量。三是人工费用成本控制。在公路作业中，人员依旧占据着重要的地位，很多工作都需要人力完成。在人力费用管理实践中，需要优化人力资源的配置，积极发挥人力资源的优势，进而创造更多的效益。在作业前，要根据施工任务和需求，配置充足的人员，来满足公路工程施工作业的需求，进而高效开展施工作业。

2.探索"增效"的方法

在公路工程施工管理实践中，除了降低成本，还要积极增效。从项目管理实际分析，实现项目增效需要从以下方面入手：一是创新公路工程的施工技术。结合公路工程项目中采用的技术和工艺，展开全面的分析，积极创新和优化工程施工技术。在项目管理实践中，组建专门的工作团队，负责技术创新和管理创新，提出技术优化的措施，保障公路建造的质量。二是提高资源配置率。根据公路工程施工的需求，优化材料和人力资源等的配置效率，减少资源浪费，以获得更多的利益空间。在项目管理中需要认识到资源管理的优势，全面提高资源管理水平，创造更多的效益，以实现成本管理的目标。

3.加大对成本控制的考核力度

在公路工程施工管理中，必须高度重视成本控制，构建完善的成本控制体系。根据成本控制的要求和目标，设置管理的考核指标，采取定量考核和定性考核相结合的方法，全面评估成本管理的效果，分析存在的问题，做好成本控制的优化工作。在实践中，提升成本控制的质量，做好全过程的跟踪和分析工作，完善管理信息采集工作，评估成本控制效果。将管理工作质量与项目管理人员的个人绩效挂钩，调动人员积极性，高效开展各项工作。充分发挥考核结果的激励作用，同时结合成本管理分析，调动工作人员的积极性。

综上所述，公路工程成本控制的实施，需要编制科学完善的预算，做好预算执行过程中的动态化控制，提高资金资源的利用率，从而保障工程项目目标的实现。在成本控制实践中，采用信息化技术手段，挖掘数据信息的价值，可提高工程成本管理水平，进而创造更多的价值。

第五节　项目合同管理

在开展公路工程建设项目时，施工合同作为统领整个工程的重要性基础工作，必须得到重视。施工合同是发包方与承包方的重要契约，更是具有法律效力、维护双方权益的重要文件。因此，必须重视施工合同管理工作，从合同的订立到合同的履行以及最后的验收，要全方位予以科学的管理和有力控制，避免合同陷阱，规避违约风险，从而保障工程质量。

一、合同管理的具体内容

（一）工程量清单的编制

通常情况下，工程量清单主要包含工程施工信息、市场供求关系等，在现代公路工程施工建设过程中占据着关键性地位。在进行招投标活动时，承包单位可以根据自身的实力与资质进行竞价，并依据合同管理机制，确保工程正常、稳定地进行下去。通过制定工程量清单，能够将各环节工程量数据及工程整体施工的具体状况反映出来，确保成本计算与报价的规范性与合理性，进而提高工程质量和施工单位的经济效益与社会效益。

（二）招标合同条款的规范

有关部门制定了规范的合同范本，对合同编制的各项要求有着明确的规定，相关单位需要严格遵循规范制度制定相应的招投标文件，避免随意更改合同内容。此外，为了避免在工程施工过程出现经济纠纷问题，在制定招投标文件时，相关单位及人员还需对项目管理的独特性进行充分考虑，并进行准确标注，以此来保障招投标问价的可行性与竞争力水平。

二、公路工程合同管理的重要性

（一）提高工程造价控制水平

众所周知，在工程施工过程中，造价控制水平与经济效益有着极大关系，同时也影响着施工质量。在现代公路工程施工建设中，通过加强合同管理工作，能够有效提高造价控制水平，如可以通过对各环节工程量进行准确统计，来制定科学规范的支付标准。同时，通过加强合同管理工作，还可以控制造价预算，避免超预算现象的出现，从而保障工程整体的经济效益。

（二）提高工程纠纷问题的解决效率

受传统观念的影响，过去的工程施工常由于缺乏有效的合同管理，而导致工程后期出现各种矛盾纠纷问题，如合同变更、款项支付及质量问题索赔等，这些问题对施工质量及整体效益产生极大影响。通过加强公路工程合同管理，可对施工的各项作业内容与环节进行明确规定，明确划分各部门人员的具体责任。当矛盾纠纷问题出现时，相关人员可以根据相应的条款进行处理，为工程施工进度、质量及经济效益提供强有力的保障。

（三）保障工程施工的安全性

除此之外，通过加强公路工程合同管理工作，还可以有效保障工程施工的安全性。在实际施工过程中，施工单位领导要事先对施工过程中可能出现的问题进行预测，并按照有关部门的政策规定，将施工安全方面的责任具体落实到基层部门与人员上。施工人员在日常施工时要严格按照安全标准，装配相应的安全防护设备设施，降低安全隐患出现的概率，最大程度上提高工程施工的安全性。

三、合同签订类别及管理风险点

（一）与发包方签订的承包合同

此类合同是通过招投标程序等方式，以明确发包人、承包人之间权利与义务关系的合同。目前公路建设市场普遍使用的是交通运输部 2018 年发布的《公路工程标准施工招标文件》中提供的《合同协议书》通用和专用条款范本，其与《廉政合同》《安全生产合同》等其他附件以及招标文件一起构成施工合同的全部内容。执行范本的作用是规范合同双方当事人的行为，维护行业正常的经济秩序。但在实际执行过程中也存在各种问题，需要承包方熟悉合同范本，仔细甄别，提前化解并应对可能存在的风险。

1.履约风险的考虑

在项目投标时，就应充分了解并知悉招标文件，结合工程设计文件和拟投标工程项目要求以及自身履约能力，充分评估可能存在的履约风险，避免因片面追求"中标率"而导致的实际无法履约行为或因底价中标而导致的大额亏损等情况，如果违约，不仅影响当期效益，甚至可能会对企业信誉造成负面影响，不利于企业进一步开拓市场和长远发展。在项目中标后应严格执行合同条款，尤其是对双方权利义务的约定，避免因违约被发包方索赔甚至停工清退。

例如合同条款中对承包人的项目管理人员、技术骨干以及进场材料设备等有严格要求，要确保能够全部履责到位。

2.涉税风险的考虑

公路工程施工项目一般都会涉及增值税、城建税、印花税、环境保护税甚至资源税和耕地占用税等税种。自2018年1月1日开征的环境保护税，对建筑施工企业影响也较大，需要购置必要的环境监测保护设备和投入，以减少和降低项目施工对环境的污染和影响。所以，在签订承包合同时，承包商需要与发包方充分协商沟通，争取在合同项目中增加合理、必要的税金项目。

3.会计核算的考虑

《企业会计准则》的新收入准则对建筑服务收入确认的原则、方法都进行了全新修订，将合同的地位提高到了一个前所未有的高度。不仅要求财务核算要准确识别合同履约义务，还要合理分摊履约价格，这就要求财务人员对合同进行认真研读分析，尤其要对工程量清单、履约进度、付款日期、质量保证等条款相当熟悉，只有这样，才能按《企业会计准则》的要求正确进行核算反映。

（二）与施工方签订的各类合同

1.签约风险的考虑

为保证工程项目顺利实施，企业需要整合自身和外部各类资源，包括人力、材料、设备等方方面面，因此就需要再通过商谈签订大量的各类合同，如专业分包、劳务分包、材料采购、设备租赁等方面的合同，涉及面广、内容繁杂。由于业务人员自身认知水平、素质水平等受限，签约时就存在很多风险。诸如对合作方或供应商资质能力审查把关不严，审签流程不规范、约定不明确，甚至先进场后签合同、应签不签、口头约定等情况时有发生，为日后纠纷的发生留下了隐患。

2.涉税风险的考虑

由于各类合同的谈判签订一般都由专门的业务部门负责，业务人员缺乏相应的财税知识，对增值税的抵税效应了解不足，对供应商、合作方的纳税资格、适用税率无法准确判别，习惯性用含税报价作为客商选择依据，造成可抵扣进项税额损失，导致项目成本增加。此外，业务人员不懂得关注供应商、合作方纳税信用等级，与一些信誉不佳甚至失信失联企业进行合作，也为企业增加了因上游企业违反税收征管规定而带来的涉税风险。

3.履约风险的考虑

公路工程项目一般都具有工序衔接紧、材料价格波动大、安全风险高等特征。各工序环节环环相扣、协调推进，一个环节出现问题，往往会影响到其他环节。这就要求项目管理人员进行动态跟踪、密切关注各项合同执行情况，防止出现不能按时履约而导致的质量、进度等方面的问题，避免给项目和企业造成损失。

四、合同履行中存在的其他问题

（一）重视程度不强

《中华人民共和国民法典》的颁布实施，对我国法治社会建设有着里程碑式的意义，尤其是合同编，充分体现了平等协商和意思自治的立法原则。但在目前我国公路工程施工项目中，客观存在着合同双方法律意识不强、对合同重视不够的问题。出现这种情况，一是因为双方契约精神欠缺，将合同视为一种形式或者一个规定程序，在具体实施过程中"随机应变"或者口头协商；二是因为双方维权意识不强，不懂或不擅长运用法律武器维护自身合法权益；三是因为纠纷处置不当，习惯于通过协调、"私了"解决纠纷。

（二）专业人才欠缺

项目施工管理的主体一般以工程技术人员为主，在科技进步与信息技术飞速发展的今天，工程技术人员能在自身专业领域保持领先地位甚至不掉队已属不易，额外要求其掌握并精通法律、财税等其他领域专业知识，做到全面、综合发展，并不现实。此外，公路工程施工项目大多属于野外作业，一般条件都比较艰苦，很难吸引、留住那些精通法律、财税等领域知识的专业优秀人才，这也是一个不争的客观事实。

（三）财务参与度不高

财务与合同紧密相关，财务管理、预算控制、结算支付都以合同为基本依据。但传统的财务核算往往是一种单纯的、事后的记录与反映，不能起到全过程、全环节参与控制的作用，也不能积极识别风险和规避风险。首先，在项目投标决策时，财务一般很少参与，实际上，这个环节就隐含着许多财务风险，目前，我国公路建设市场除财政全额投资外，还存在诸多融资、筹资模式，资金来源不同，风险也不同。此外，发包人纳税资格不同，对投标单位的纳税资格也会有相应的要求。其次，在施工过程中，需要结合自有资金和业主工程款到位情况，对各类合同的相关支付条款进行审核，防止不能按时支付而引发的纠纷。再次，合同履行的评价也需要财务的意见，合作商的经济实力、纳税信用、履约能力需要财务评价指标作为支撑。

五、进一步加强合同管理的几点建议

（一）提高合同风险意识，完善合同管理制度

企业管理层首先要进一步形成法治思维，提升风险意识。通过积极参与和推行普法教育，聘请外部法律、财税专业人士进行全员培训和业务指导，以案说法、对症下药，来增强企业员工对法律法规的敬畏感和遵从度。结合企业实际情况，制定科学严谨的合同管理制度，在从签订、执行到评价的全过程实行

动态管理，明确各个流程部门、人员的分工和责任，倒逼相关人员主动学法、守法，提升其责任心和风险防范意识。在制度设计中要重点考虑不相容岗位分离制度、各相关部门会签制度、执行和评价指标以及相对应的奖惩制度。

第一，不相容岗位分离制度。一是签约与执行部门相分离。工程部门根据项目建设需要提出采购申请，采购部门负责市场调查、招标采购。二是采购与验收人员相分离。验收入库人员对采购材料、劳务、设备等进行入场验收，坚决杜绝不符合合同和施工要求的人员、物资、设备进场。三是评价与执行相分离，合同执行完毕后，企业应组织相关部门人员对合同履约情况进行综合评价，建立分类管理制度，及时进行总结，对一些履约能力差、诚信度低的客商进行降级或拉入黑名单处理，对违规、不负责任的相关人员进行内部处理。这样可以最大限度避免随意性和违规行为的发生。

第二，合同范本和会签制度。企业应结合自身业务情况，组织相关业务人员，并聘请法律、财税专家顾问分类制定各类合同范本，然后统一印发执行。除个别条款需根据具体情况商谈确定外，其他条款不得随意改动。推行合同会签制度，各相关业务部门需要根据自身关注点对合同进行审签，可以最大限度减少遗漏，避免风险。例如工程部门更关注规格数量和进度时点，财务部门更关注结算支付及违约责任，法务部门更关注文字表述和法律风险。借助网络介质和合同范本，会签人员只需审查各自关注的可修改条款部分，这样做可以大大提高会签效率。

第三，评价和奖惩制度。工程项目涉及的业务纷繁复杂，市场也瞬息万变，再加上施工人员自身能力有限或者责任心不强，个人的行为可能影响公司的整体形象，个人的失误可能会给公司带来巨大损失，所以建立严格的评价和奖惩制度是非常必要的。

（二）全程跟踪合同执行，实行合同动态管理

第一，高度重视事前控制。在合同签订前，要进行充分的风险评估，客观

评价自身履约能力和风险承受能力,双方共同商议确定解决方案并以条款形式予以明确。要严格审查供应商、分包商的资质、信誉、业绩等情况,通过相关公共服务平台发布的企业信用评级和企业集团内部供应商数据库评价数据,合理、择优选择供应商。

第二,严格进行事中控制。在合同签订后,执行是关键。执行部门要严格遵循合同约定,时刻关注履约进度,发现问题要及时纠偏。合同的变更和补充要按合同签订审批流程进行,坚决杜绝随意性。申请部门要书面阐明变更、补充原因,会签部门要认真审核并签署意见以示负责,变更、补充协议要同主合同一起严格执行并归档保管,作为评价考核的依据。对于合同执行过程中出现的矛盾和纠纷,一定要及时妥善解决,必要时要勇于运用法律武器维护合法权益,促使合作各方守法守约,共同创建诚信经营、合作共赢的发展环境。对于出现合同约定的违约、索赔事项,应及时收集证据,最大限度挽回损失,惩戒失信行为。

第三,及时进行事后评价。企业集团或总部应建立供应商数据库,将各分(子)公司承建的项目合作客商全部纳入数据库进行记录、评价,不断补充完善。参照分类管理制度进行评价管理,与优质供应商建立长期合作关系,对信用等级低的供应商在今后的项目中谨慎合作或不再合作等。通过这种手段,一方面可以与一些履约能力强、诚信度高的客商建立战略合作关系,进而实现合作共赢、共图发展,另一方面可以减少或杜绝与一些履约能力差、信誉度低的客商合作,规避不必要的风险。

(三)财务人员全程介入,适时提供财务意见

首先,在投标环节,财务就应该提前介入,了解、分析项目资本金的构成及来源、到位情况,分析资金成本,评估财务风险。了解发包方的纳税资格等,结合项目特点,人工、材料、机械构成比例,评估进项税额及项目整体税负。其次,在施工环节,一是财务人员要运用自身专业知识,对合作商经济实力、

纳税资格、适用税率、纳税信用等方面进行专业分析，并提出意见建议，或直接在招标文件评标办法中规定财务指标得分占比，以不含税价作为选择合作商的重要依据，择优选择中标单位，尽量避免与信用等级低、诚信度低的企业合作。二是积极筹措调配资金，保障资金供给，合理预计项目资金到位情况，对各类合同的结算支付时点进行审核把关，避免到期不能履约的风险。三是要考虑成本结算对收入确认的影响和项目预算对施工成本的控制等因素，对结算方式、结算时点进行审核把关。四是在施工过程中全程跟踪合同执行情况，及时进行结算支付、收入成本确认计量、预算执行情况分析评价，注重过程控制等工作，及时纠偏。最后，在项目完工后，及时进行分析评价，对发现的问题及时解决，避免遗留积压，建立结算支付台账，注明欠付金额、期限，积极筹措资金按期支付，避免债务纠纷。

（四）加强合同档案管理，提升综合管理水平

档案是企业成长的记录和见证，也是解决日后纠纷、判定责任的重要依据，更是彰显一个企业综合管理水平的重要标志。但施工企业项目分散、人员流动性强，往往很容易忽略档案管理。相关工作人员需要在日常工作中重视合同档案的收集整理，每一项合同执行完毕，都应该整理装订，待项目完工后按企业档案管理要求编号归档。合同档案应能够反映该项合同从签订执行到完结的全过程。具体应包括但不限于以下资料：采购申请，市场调查，招投标流程及评标报告，合同审签（原件、附件及审签记录），变更、补充、协商备忘录，结算支付终结确认书，综合评价表，等等。

综上所述，财务全程参与公路施工企业项目合同管理具有非常重要的现实作用和价值，不仅能预防和控制施工企业项目的财税和经营风险，还能监督和控制合同、预算的执行进程，以保证效益目标的实现，同时还能提升企业整体管理水平和信用等级，进而营造良好的市场环境。

第四章 路基的养护与维修

第一节 路基养护与维修的
工作内容及基本要求

一、路基养护与维修的工作内容

路基的强度和稳定性直接影响路面的平整度和强度，是保证路面稳定的基本条件，因此必须保持路基土密实、排水性良好，各部分尺寸和坡度符合要求，及时消除不稳定因素。路基养护维修措施的评价内容和标准如下：

（1）路基各部分保持完整，尺寸符合规定的要求，不损坏变形，经常处于完好状态。

（2）路肩无坑洼、缺口，无隆起、沉陷等现象；横坡适度，边缘顺适，表面平整，接茬平顺。

（3）边坡稳定、牢固、平顺，无冲沟，坡度符合规定。

（4）边沟、排水沟、截水沟、跌水井、泄水槽等排水设施不淤塞、无蒿草；纵坡符合要求，排水畅通，进出口维护完好；保证路基、路面及边沟无积水。

（5）挡土墙、护坡及其他防雪、防沙设施等保持完好、无损坏，泄水孔无堵塞。

（6）做好翻浆、塌方、山体滑坡、泥石流等病害的预防、治理和抢修，缩短阻车时间。

二、路基养护与维修的基本要求

为保证路基各部分完整，使路基满足上述各种基本要求，进而正常发挥作用，路基养护与维修工作必须符合下列基本要求：

（1）路肩应无坑槽、积水、堆积物，边缘应直顺平整。

（2）土质边坡应平整、坚实、稳定，坡度应符合设计规定。

（3）挡土墙及护坡应完好，泄水孔应畅通。

（4）边沟、明沟、截水沟等排水设施坡度应顺适，无杂草，排水应畅通。

（5）对翻浆路段应及时进行养护处理。

第二节　路基工程的日常养护与维修

一、路肩的养护与维修

（一）路肩的作用

路肩是位于行车道外缘至路基边缘、具有一定宽度的带状结构部分，包括硬路肩和土路肩。路肩的主要作用有：

（1）保证行车道等主要结构的稳定。

（2）为发生机械故障或遇到紧急情况的车辆临时停车提供位置。

（3）提供侧向余宽，有利于安全，增加舒适感。

（4）可供行人、自行车通行。

（5）为设置路上设施提供位置。

（6）作为养护操作的工作场地。

（7）在不损坏公路构造的前提下，也可为埋设地下设施提供位置。

（8）改善挖方路段的弯道视距，提升交通安全性。

（9）使雨水能够在远离行车道的位置排放，减少行车道雨水渗透情况，减少路面损坏情况。

（二）养护要求

（1）路肩应保持干净、清洁、无杂物。

（2）路肩的横坡应平整顺适，与路面横坡保持一致。

（3）路肩的宽度应符合《公路工程技术标准》（JTG B01-2020）的规定。

（4）路肩上严禁堆放任何杂物，改善工程及修补路肩坑槽所需的砂石材料如需堆放在路肩上，应选择在较宽的路段顺一边堆放，但在桥头引道、弯道内侧及陡坡等处不得堆放。料堆内边离路面边缘应至少距离 30 cm，每隔 10～20 m 必须留出不小于 1 m 的空隙，以方便排水。

（三）日常养护维修

（1）路肩清扫。路肩清扫包括机械清扫和人工清扫，进行路面清扫、保洁时，必须同时对硬路肩进行清扫和人工保洁；雨后路肩如有积水，应及时排除。

（2）护栏、路肩边缘的杂草修剪、清理。应经常进行护栏、路肩边缘的杂草修剪、清理工作，主要清理路面与硬路肩接缝、硬路肩与土路肩接缝、硬路肩与桥台搭板接缝之间的杂草。杂草清理后应及时用 M7.5 砂浆或沥青灌缝料进行填筑、灌注，防止雨水渗入。

（3）灌注路肩与路面边缘产生的裂缝。清理裂缝，保持裂缝干净无杂质，用 M7.5 砂浆或沥青灌缝料灌注裂缝，防止雨水渗入。

（4）硬路肩病害的维修。如果硬路肩出现病害，应尽快组织维修。高速公路路肩应根据设计要求铺设沥青混凝土或水泥混凝土面层，并铺筑路肩边缘带，此时，路肩的养护工作将转变成同类型路面的养护工作。

（5）路肩积水的处理。路肩松软，多数是因为受到水的影响，所以路肩的养护与维修工作的重点就是减少或消除水对路肩的危害。路面范围的地表水通过路肩排出，因此必须经常使路肩的横坡保持平整、顺适。高速公路路肩与路面横坡相同。当路肩过高妨碍路面排水时，应刨铣整平，使其达到规定要求。

二、边坡的养护与维修

（一）养护要求

（1）边坡坡面应保持平顺、坚实、无裂缝。

（2）经常注意观察路堑高边坡，发现问题并及时予以处理。

（3）及时清理边坡滑塌部分，避免造成路面、边沟堵塞。

（4）对边坡加固的各种设施应经常检查、维护，以保证其性能良好。

（5）严禁在边坡上及路堤坡脚、护坡道上挖土取料、种植农作物或修建其他建筑物。

（6）当土质边坡出现裂缝时，可用黏性土填塞捣实，以防止表层水渗入路基体内。如出现潜流涌水，可开沟截断水源，将潜水引向路基外排出。

（7）在填筑土质路堤边坡时，应将坡面挖成阶梯形，然后分层填筑夯实，并使其与原坡面平顺衔接。

（二）日常养护维修

1.边坡清理、修整

（1）边坡清理工作包括捡拾边坡的可视垃圾、修剪路堑边坡上的高大树木等。

（2）边坡垃圾的清理工作应经常进行，清理的垃圾应集中收集并运往指定地点，禁止焚烧。

（3）路堑边坡上的高大树木因雨水冲刷、台风等原因会倾倒在路面上，影响行车安全，应根据实际情况及时砍伐，砍伐时可只砍伐树干，保留树根。如因大树倾倒或被砍伐而导致边坡上形成空洞，应及时培土夯实并植草。

（4）人工铲平高出路堑边坡的土体，并使其与周围的边坡坡度相协调，铲平后喷洒草籽或铺草皮进行绿化。

2.边坡裂缝的修补

（1）当路基上边坡、碎落台、坡顶、坡脚等出现宽度小于 0.5 cm 的裂缝时，应及时用土进行填塞，应采用钢钎等细长工具分次进行填塞。

（2）当路基上边坡、碎落台、坡顶、坡脚等出现的裂缝超过 0.5 m 时，应及时进行处理，以防雨水渗入。处理时先沿裂缝挖宽、挖深，宽度以利于人工、机械操作为限，深度以挖到看不见裂缝为止。如裂缝较深，则至少挖深 1.0 m，开挖的沟槽应是坚实、平整的。回填时需采用黏土，分层夯实，每层的松铺厚度不超过 25 cm，并在顶部做成鱼背形。

第三节　路基变形的养护与维修

一、针对崩塌的养护与维修

（一）公路崩塌的内涵及类型

1.公路崩塌的内涵

公路崩塌是指公路边坡土体或岩体在重力的作用下，突然崩落、倾倒或坠落的现象。过程表现为岩块或土体顺坡猛烈地翻滚、跳跃，并相互撞击，最后形成倒石堆。这一过程，根据块体大小可分为崩塌、落石、碎落；根据崩塌的物质组成可划分为土质崩塌和岩质崩塌；按照崩塌规模的大小还可以分为小型崩塌、中型崩塌、大型崩塌和特大型崩塌。

公路崩塌的形成条件：①地形地貌条件。越陡峻的边坡越易发生崩塌。一般大于45°的高陡斜坡、孤立山嘴或凹形陡坡地形易发生崩塌。②地层岩性条件。坚硬的岩石易形成高陡边坡，比较软弱的岩石更易发生崩塌。③地质构造条件。当路线的走向和边坡构造线走向平行时，易发生崩塌，边坡岩石节理、裂隙越发育越容易发生崩塌。

公路崩塌的影响因素：①地震。地震的强烈震动会使岩体崩塌。②降雨和地下水。由于水的渗入，坡体产生孔隙水压力而发生崩塌。③风化作用。风化越严重，节理裂隙越大，岩体越容易破碎而发生崩塌。④另外植物根系作用会影响崩塌的发生。⑤开挖坡脚、爆破等人为活动也会改变坡体原来的平衡状态，从而导致崩塌。

公路崩塌灾害是指由于公路崩塌而引起的公路设施的严重破坏，如毁坏路面、掩埋公路、砸坏车辆，甚至是中断交通。公路崩塌灾害一旦发生，则需要通过工程治理措施才能恢复。它不同于公路病害，公路病害主要是指公路设施损坏，如翻浆、路面开裂、坡面侵蚀等，其规模小、造成的经济损失小，可以通过日常养护来处理。

2.公路崩塌的类型

公路边坡崩塌是较常见的病害，危害严重，且经常阻断交通。崩塌是岩体突然而猛烈地从陡峻的斜坡上崩离、翻滚跳跃而下的现象。崩塌可发生在高峻的自然山坡上，也可发生在高陡的人工路堑边坡上。发生崩塌的物体一般为岩石，但某些土坡也会发生崩塌。

崩塌的规模有大有小，由于岩体风化、破碎比较严重，边坡上经常有小块岩体坠落，这种现象被称为碎落；一些较大岩块的零星崩落称为落石；规模巨大的崩塌也称山崩。

崩塌与滑坡的明显区别是：崩塌骤然发生，破坏体散开，并有倾倒、翻滚现象；而滑坡体一般总是沿着固定滑动面整体地、缓慢地向下滑动。

公路路堑开挖过深，边坡过陡，或因切坡而暴露软弱结构面，都会使边坡上的岩体失去支撑，在水流冲刷或地震作用下引起崩塌。崩塌按形成机理可划分为三类。

（1）滑移式崩塌

这类崩塌的形成机理是崩塌首先沿已有的层面或其他结构面产生滑移，一旦崩塌体重心滑出坡外，这类崩塌就会发生。

（2）倾倒式崩塌

这类崩塌的形体多是柱状和板状岩体，其形成机理是岩体在失稳时绕根部一点发生转动性倾倒，一旦岩体重心移到坡外，岩体就会突然崩塌。此类不稳定岩体在强烈震动下或者遭遇长时间暴雨，容易失稳，进而发生倾倒式崩塌。

（3）错断式崩塌

这类崩塌多为直立柱状或板状岩体，在失稳时没有发生倾倒，而是在自重作用下，其下部与稳定岩体没完全断开的部分可能沿图4-1中虚线所示位置发生错段。不稳定岩体是否会发生崩塌，关键在于没有断开的部分在自重作用下的最大剪应力是否大于岩石容许的抗剪强度，一旦最大剪应力大于岩石的容许抗剪强度，错断式崩塌就会突然发生。长期风化作用、强烈的振动以及特大暴雨的动静水压力都会促使和诱发这类崩塌的发生。

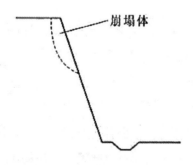

图 4-1　错断式崩塌面示意图

（二）有关公路崩塌的养护与维修

防治崩塌的措施主要有以下五种。

（1）路基上方的危岩及危石应及时清除，在雨季前要细致检查。如有威胁行车安全的路段，可根据地形和岩层情况，采用嵌补、支顶的方法进行加固。

（2）在小型崩塌或落石地段，应尽量采取全部清除的方法；在基岩破坏严重以及崩塌、落石的物质来源丰富的地段，则宜修建落石平台、落石槽等拦截结构物。

（3）对于因存在软弱结构面而易引起崩塌的高边坡，可根据情况采用修建支挡墙或支护墙等措施，以支撑边坡，并防止软弱结构面张开或扩大。

（4）对边坡坡脚因受河水冲刷而易发生崩塌的地段，要在河岸做好防护工程。

（5）对可能发生崩塌的地段，必须做好地面排水措施。

二、针对滑坡的养护与维修

（一）公路滑坡的类型及成因

1.公路滑坡的类型

公路滑坡可根据滑坡的物质组成、性质、特征、滑动形式、滑坡体积、滑动面埋藏深度、发生时间等进行分类。滑坡根据主要物质组成可以分为土质滑坡与岩质滑坡，根据滑坡体积可分为小型滑坡、中型滑坡、大型滑坡、巨型滑坡，根据滑动面埋藏深度可分为浅层滑坡、中层滑坡、厚层滑坡，根据滑动力学特征，可分为推移式滑坡、牵引式滑坡，根据发生时间可分为新滑坡、旧滑坡和古滑坡。

2.公路滑坡的成因

公路滑坡是众多内外因素综合作用的结果，其内在影响因素包括地质构造、地形地貌特征、岩土物理力学性质，外在因素包括气象水文条件、工程建设活动、人类挖采活动等。

（二）有关公路滑坡的养护与维修

滑坡的类型很多，且成因复杂，在处理滑坡问题时，要针对不同情况采取不同的措施。公路上的滑坡多发生于路基边坡，这是因为修筑公路破坏了地貌的自然平衡状态。因此，针对公路滑坡的养护与管理措施应以排水疏导为主，再辅以上部减重措施，维持边坡平衡。有关公路滑坡的养护与维修措施主要有以下几种。

1.地面排水

对滑坡体以外的地面水，应拦截引离；对滑坡体上的地面水，要注意防渗并尽快将其集中引出。各种地面排水措施的适用条件、布置及设计施工原则列于表4-1。

表 4-1 滑坡体的排水措施

名称	适用条件	布置及设计施工原则
环形截水沟	滑体外	截水沟应设在滑坡可能发展的边界 5 m 以外，根据需要可以设置数条截水沟，以分段拦截地表水，使地表水向一侧或两侧的自然沟系排出。在坡度陡于 1∶1 的山坡上，常采用陡坡排水槽来拦截山坡上方的坡面径流。沟槽断面以满足排泄坡面径流为准，如土质渗水性强，应采用黏性土、石灰三合土或浆砌片石铺砌防渗层
树枝状排水系统	滑体内	结合地形条件，充分利用自然沟系的排水功能，使水汇集并引导坡面径流于滑坡体外排出，排水沟布置应尽量横切滑坡，主沟宜与滑移方向一致，支沟与主沟斜交 30°～45°。如土质松软，可将土夯成沟形，上铺黏性土或石灰三合土加固。通过裂缝处时，可采用搭叠式木质水槽或陶管、混凝土槽、钢筋混凝土槽，以防山坡变形而拉断水沟，使坡面水集中下渗
明沟与渗沟相配合的引水工程	滑体内的泉水或湿地	目的在于排除山坡上层滞水和疏干边坡土体含水，埋入地下部分类似集中渗沟，露出地面部分是排水明沟
平整夯实的自然山坡坡面	滑体内	如山坡土质疏松，坡面水易于阻滞下渗，应整平夯实坡面，填塞裂缝，防止坡面径流汇集下渗
绿化工程（植树、铺种草皮）	山坡滑体内	绿化工程是配合表面排水的一项有效措施，对渗水严重的黏性土滑坡和浅层滑坡，效果尤其显著。在滑坡面种植灌木及阔叶果树，可疏干滑坡体内水分，利用植物根系可加固坡面土层。铺种草皮可滞缓坡面径流流速，防止冲刷，减少下渗，避免坡面泥土堵塞沟槽

2.地下排水

在排除滑坡体的地下水的工程措施中，应用较多的各式渗沟有以下三种。

（1）支撑渗沟。其作用是支撑不稳定的滑坡体，同时起到排除和疏干滑坡体内地下水的作用，适用深度（高度）为 2～10 m。

支撑渗沟有主干和分支两种。主干平行于滑动方向，布置在地下水露头处或土中水形成坍塌的地方，支沟应根据坡面汇水情况合理布置，可与滑坡移动方向成30°~45°交角，并可伸展到滑坡范围以外，以起到拦截地下水的作用。

（2）边坡渗沟。当滑坡前缘的路基边坡有地下水均匀分布或坡面大片潮湿时，可修建边坡渗沟，以疏干和支撑边坡，同时也能起到截阻坡面径流和降低坡面冲刷力度的作用。

边坡渗沟的平面形式包括垂直、分支及拱形等。分支渗沟的主沟主要起支撑作用，而支沟则起疏干作用。分支渗沟可以互相连接成网状。

（3）截水渗沟。当有丰富的深层地下水进入滑坡体时，可在垂直地下水流的方向上设置截水渗沟，以拦截地下水，并将其排出滑坡体外。

3.减重

减重既可以作为应急措施，也可以作为永久治理措施。对临界滑动的滑坡，上部减重可减小下滑力，使滑坡处于相对稳定状态，为勘察、设计、施工争取时间。对正在滑动的滑坡，减重减小下滑力，可减少支挡工程数量，节省投资，也为施工安全创造了条件。对主滑面倾角较陡（大于20°）的滑坡和错落型滑坡，减重的效果更为明显。

4.支挡工程

支挡工程分为以下三类。

（1）抗滑垛。一般用于滑体不大、自然坡度平缓、滑动面位于路基附近或坡脚下部较前处的滑坡。

（2）抗滑挡土墙。在滑坡下部修建抗滑挡土墙，是整治滑坡常用的有效措施之一。对大型滑坡，常将抗滑挡土墙作为排水、减重等综合措施的一部分；在中、小型滑坡的治理中，常将抗滑挡土墙与支撑渗沟联合起来使用。优点是山体破坏少，稳定滑坡收效快。抗滑挡土墙多采用重力式结构，其尺寸经计算确定。

（3）抗滑桩。抗滑桩是一种用桩的支撑作用稳定滑坡的有效抗滑措施，一般适用于非塑性体层和中厚度滑坡前缘，以及使用重力式支撑建筑物与工量过大、施工困难的场合。

第四节 路基排水设施的
养护与维修

一、公路排水设施的重要性

水对公路建设中的路基工程影响非常大，在路基填筑与压实中，只有当路基中的水分达到或者接近最佳含水量时，才能获得最佳的密实度；如果渗入路基的水分过多，就会危害路基，从而产生很多病害，如路基翻浆、路基沉陷、护坡垮塌等。历数路基的各种病害，发现就其规模、范围、成因、类型等而言，水往往是最主要的决定因素之一，可见公路排水设施的重要性。

设置排水设施的目的是：排除路界内的地表径流，并将公路上侧方的地表水和地下水引排到公路的下侧方，避免公路路基和路面结构遭受地表水和地下水的浸湿、冲刷等破坏作用。

二、公路排水设施的作用和类别

（一）公路排水设施的作用

（1）就路基工作区而言，排水设施能够将路基的含水量降到适度的范围内。因为路基含水量过大会引起土质松软、强度降低、边坡坍塌、路基沉陷或滑动以及冻害等问题。

（2）就路面工作区而言，排水设施能够排除高速公路路面积水。高速公路路面如果排水不畅就会形成水膜，抗滑性能就会降低，进而增加行车的危险性，造成交通事故。

（3）综合看来，利用排水设施有利于做好地表水、地下水和路面水的排除工作，即做好路基与路面排水工程，以确保路基具有足够的强度及稳定性，来确保行车的安全性。

（二）公路排水设施的类别

高速公路排水设施根据其所处的位置和功能不同，分为路面排水设施与路基排水设施。路面排水设施由路肩排水设施和中央分隔带排水设施组成。路基排水设施分为地表排水设施和地下排水设施。其中地表排水设施由边沟、截水沟、排水沟等组成。地下排水设施由渗沟、明沟和槽沟、渗井等组成。

系统地了解高速公路排水设施的重要性和功能分类，有利于利用先进的技术与管理水平对公路进行维修养护，保障其发挥最大作用力。

三、公路排水设施养护与维修对策

在春融前，特别是汛期前，应对各种排水设施进行全面检查疏通。雨天必须上路巡查，及时排除堵塞现象，保持水流畅通，防止水流冲坏路基。暴雨后应重点检查有无冲刷、损坏等现象，对出现问题的地方需要及时修复加固；如有堵塞，应及时清除。

要经常检查暗沟，如发现淤泥，应冲洗清除。特别是雨水季节，应保持暗沟的流水通畅。如发现渗沟洞口被堵塞，应及时进行冲洗和清理；如发现碎石层淤塞不通，应进行翻修，并剔除颗粒较小的砂石；如发现暗沟位置不当，应根据情况另行修建。

排水沟渠的加固措施应结合当地地形、地质、纵坡和流速条件来制定，因地制宜，就地取材，且应简便易行、经济实用。

（一）增设排水设施

1.增设边沟

（1）边沟应按图纸规定施工，并应符合现场的地质、地形条件，边沟和涵洞接合处应与涵洞洞口建筑配合，以便水流通畅进入涵洞。

（2）平曲线处边沟施工时，沟底纵坡应与曲线前后沟底纵坡平顺衔接，不允许曲线内侧有积水或外溢现象发生。曲线外侧边沟应适当加深，其增加值等于超高值，但曲线在坡顶时可不加深边沟。

边沟的尺寸应符合规定。对于土质地段而言，当沟底纵坡大于 3%时，边沟必须采取加固措施。采用干砌片石对边沟进行铺砌时，应选用有平整面的片石，用小石子紧密填塞各砌缝；采用浆砌片石铺砌时，应保证砌缝砂浆饱满、沟身不漏水；若对沟底采用抹面防护，应保证抹面平整压光。

2.增设截水沟

（1）截水沟应按规定施工。截水沟的位置：在无弃土的情况下，截水沟的边缘与挖方路基坡顶的距离视土质而定，以不影响边坡稳定为原则。若是一般土质，则至少应距离坡顶 5 m。对于截水沟挖出的土，应及时进行平整、夯实处理，使沟两侧形成平顺的斜面。当路基上方有弃土堆时，截水沟应距离弃土堆坡脚 1～5 m，弃土堆坡脚距离路基挖方坡顶不应小于 10 m，弃土堆顶部应设倾斜角度为 2%的截水沟横坡。

（2）山坡上路堤的截水沟应距离路堤坡脚至少 2 m，并用挖截水沟的土填于路堤与截水沟之间，修筑向沟倾斜坡度为 2%的护坡道或土台，使路堤内侧地面水流入截水沟排出。

（3）截水沟长度超过 250 m 时，应在适当地点设出水口，将水引至山坡侧的自然沟中或桥涵进水口；截水沟必须有牢靠的出水口，必要时需设置排水沟、跌水槽或急流槽；截水沟的出水口必须与其他排水设施平顺衔接。

（4）为防止水流下渗和冲刷，截水沟应进行严密的防渗和加固处理。地质不良地段和土质松软、透水性较大或裂隙较多的岩石路段以及沟底纵坡较大的土质截水沟或截水沟的出水口等，均应采取加固措施来防止渗漏，防止冲刷沟底及沟壁。

3.增设排水沟

（1）排水沟的线形要求平顺，尽可能采用直线形，转弯处宜做成弧形，且半径不宜小于 10 m。排水沟长度根据实际需要而定，通常不宜超过 500 m。

（2）排水沟沿路线布设时，应离路基尽可能远一些，距路基坡脚不宜小于3～4 m。

（3）当排水沟、截水沟、边沟因纵坡过大而导致水流速度大于沟底、沟壁土的容许冲刷流速时，应采取边沟表面加固措施。

4.增设跌水槽与急流槽

（1）跌水槽与急流槽必须采用浆砌圬工结构。跌水的台阶高度可根据地形、地质等条件决定，多级台阶的各级高度可以不同，其高度和长度之比应与原地面坡度相适应。

（2）急流槽的纵坡应按规定进行施工，一般不宜超过 1∶1.5，同时应与天然地面坡度相配合。对于较长的急流槽，在其槽底可设几个纵坡，一般是上段较陡，下段逐渐放缓。

（3）当急流槽较长时，应分段砌筑，每段不宜超过 10 m，接头用防水材料填塞，做到密实无空隙。

（4）急流槽的砌筑应使自然水流与涵洞进、出口之间形成一个过渡段，为保证槽体结构稳定，槽底基础应嵌入地面以下并做成台阶形，防止槽底沿斜坡滑移，台阶的宽度一般为 1.5～2.5m。路堤边坡急流槽的修筑，应能为水流入排水沟提供一个顺畅通道，路缘石开口及流水进入路堤边坡急流槽的过渡段应连接圆顺，如采用喇叭口接入。

（5）边沟、急流槽接入涵洞进口处，应加设消力池，当急流槽水流量大且流速较快时，为防止水溅到路基上，宜在急流槽下部的槽口上加设盖板。

（二）排水设施的加固

1.土沟表面夯实

（1）适用范围

①一般适用于土质边沟和排水沟，不适用于堑顶截水沟或堑顶排水沟。

②沟内水流平均流速不大于 0.8 m/s。

③沟底纵坡不大于表 4-2 所列数值。

表 4-2　沟底纵坡

边坡坡率 1：m	1：1		
断面 B×H/m²	0.4×0.4	0.4×0.6	0.6×0.6
纵坡/%	1.5	0.7	0.6

（2）施工

①在开挖水沟时，沟底及沟壁部分均应少挖 0.05 m。

②将沟底、沟壁夯拍密实，使土的干密度不小于 $1.66×10^3 kg/m^3$、土层厚度不小于 0.05 m。

③开挖沟渠时应边开挖边夯实，以免土中水分消失，不易夯拍坚实。

④施工中如发现沟底、沟壁有洞穴，应用原土补填夯实。

2.用三合土或四合土捶面的方法加固

（1）适用范围

①一般适用于无冻害及无地下水段的水沟。

②沟内水流平均流速应为 1.0～2.5 m/s。

③在常流水的水沟加固表面，可加抹 1 cm 厚的 M7.5 水泥砂浆。

④混合土厚 0.1～0.25 m，视沟内平均流速或沟底纵坡大小而定。

（2）材料的配合比

①三合土。水泥：砂：炉渣＝1：5：1.5（质量比）；无炉渣地区可试用石灰：黄土：卵（碎）石＝1：3.3：2.3（体积比）。

②四合土。水泥：石灰：砂：炉渣＝1：3：6：24（质量比）。

③水泥可采用低强度等级的；炉渣须经高温烧化且含碳量不超过 5%，其粒径不超过 5 mm。

（3）施工

①施工前两周将石灰水化，使用前 1～3 天，将黄土或炉渣掺入拌匀，使用时将卵（碎）石或水泥及砂反复拌和均匀。

②沟渠开挖后趁土质潮湿时立即加固。如土质干燥，则宜洒水湿润后再加固。

③在沟渠铺混合土前，应将沟底及沟壁表面夯拍平整，然后安装模板，以保证加固厚度一致。

④在沟渠铺混合土后，应拍打提浆，然后再抹水泥砂浆护层。待稍干后，用大卵石将表面压紧磨光。然后用麻袋或草席覆盖，并洒水养护 3～5 天。

⑤施工季节以春秋季为宜，不宜在冬季，以免混合土尚未干燥即发生冻胀。

⑥养护时，如发现裂缝或表面剥落，应及时修补。

3.单层干砌片石加固

（1）适用范围

一般用于无防渗要求的沟渠加固地段。

一般土夹砂卵石、软石、风化严重的岩石沟渠纵坡在 5% 以上、水流流速在 2 m/s 以上时，必须加固。对于砂土质地段，纵坡不小于 1% 以上的，即需加固。

沟内水流平均流速在 2.0～3.5 m/s 时，干砌片石尺寸可采用 0.15～0.25 m。当水流流速在 4 m/s 以上时，应加设急流槽或跌水槽。

当沟壁、沟底为细粒土时，应加设卵石、（碎）砾石垫层，其厚度根据水流平均流速及土质情况，在 0.10～0.15 m 范围内选用。

（2）施工

①垫层石料以粒径为 5～50 mm 者占 90%（质量比）以上为宜。

②片石间空隙应用碎石填塞紧密，片石大面应砌向表面，以减少面部粗糙程度。

4.单层浆砌卵石加固

（1）适用条件

①一般用于无严格防渗要求，且容许水流流速在 2.0～2.5 m/s 以内的防冲沟渠加固地段。

②所用卵石的尺寸与容许流速的大致关系如表 4-3 所示。

表 4-3　卵石尺寸与容许流速关系

卵石直径/cm	0.15	0.20
流速/（m/s）	2.0	2.5

③当沟壁、沟底为细颗粒时，要加设砾石垫层，其厚度视容许水流流速及土质情况而定。

（2）施工

①垫层可采用平均粒径为 2～4 mm 的干净沙砾，其含土量应在 5%以下。

②一般应先砌沟底，后砌沟壁。沟底选用好的大卵石，坡脚两行尤应注意选料砌牢。砌筑时可自下而上逐步选用较小的卵石，最上一层则用较长卵石平放封顶压牢。

③所用卵石均应浆砌，大头朝下，每行卵石需大小均匀，两排之间保持错缝。

④卵石下部及卵石之间的空隙，均应用小石子填塞紧密。

5.浆砌片石加固

（1）使用条件

①一般用于沟内水流速度较大且防渗要求较高的地方。

②在有地下水及冻害的地段，沟壁、沟底外侧应加设反滤层（或垫层），并在沟壁上预留泄水孔。

（2）施工

①沟渠开挖后应整平夯实，如土质干燥应洒水湿润，遇有洞穴应堵塞夯实。

②水泥砂浆随砌随拌，砌筑完后注意养护。

6.混凝土预制板加固

（1）适用条件

①一般缺少砂、石地段，用混凝土预制板施工较方便。

②填方地段采用混凝土预制板，比安装模板现浇混凝土更为合适。

③垫层可用沙砾材料或含石灰剂量为8%的石灰土，拍打坚实平整。

④混凝土预制板的板厚为5～10 cm，无冻胀破坏地区可采用4～8 cm。

⑤混凝土预制板一般采用C15混凝土制成。

⑥流量与衬砌厚度的关系如表4-4所示，供参考。

表4-4　流量与衬砌厚度关系

基础及其他条件	流量/（m³/s）	板厚/cm	备注
沙砾石、砾石、风化石，无浮托力	<2	5～6	3～4 cm厚的混凝土衬砌渠道，一般采用压力喷射施工
	>2	4～10	
密实的沙砾土、砂土挖方渠道，无浮托力	<2	4～8	需要砾石垫层
	>2	6～12	
黄土、普通土、冲积土、细砂粒的填方渠道	<2	6～10	需要垫层和排水设备，黏性土地段需采取防冻胀措施。无冻胀，不加垫层
	>2	8～12	

（2）伸缩缝

①基于温度变化会引起混凝土板的伸缩以及基础的不均匀沉陷等原因，需设置伸缩缝，纵向缝一般设在边坡与沟底连接处；当沟底宽度超过6～8 m时，可在渠底中部设置纵缝。

②当混凝土预制板采用M5水泥砂浆砌缝时，横向缝间距与现浇混凝土板相同，其参考值如表4-5所示。

表 4-5 横向缝间距

加固板厚度/cm	伸缩缝间距/m	加固板厚度/cm	伸缩缝间距/m
5～7	2.5～3.5	＜10	4.0～5.0
8～9	3.5～4.0		

③采用预制板加固时，沟底与边坡的伸缩缝间距须一致。

④伸缩缝宽取决于伸缩缝间距、湿度变幅、干缩系数、线膨胀系数、填料伸缩性能、黏结力、施工要求等，一般为 1～4 cm。

⑤伸缩缝填料的性能是决定衬砌效果和寿命的主要因素，要求高温不流淌，低温不冻裂、剥落；伸胀时不挤出，收缩时不裂缝，黏结力强；负温下仍能黏着不脱离，耐久性好。目前采用的填料有沥青混合料、聚氯乙烯胶泥和沥青油毡板等。

（3）防冻胀措施

在地下水位高、天气寒冷、受冻胀影响的地区，沟渠混凝土板的平整度会受到影响。沙砾垫层的厚度可按最大冻深的 70% 考虑。

（4）施工与养护中的注意事项

①加固板的接缝除按照操作规程选料和施工，在沟渠的使用中应密切注意接缝料，如有脱落或裂隙，应随时修补，修补时应将原接缝料清理干净。

②混凝土板损坏后，应及时更换。

第五节　特殊地区路基的养护

一、黄土地区路基工程的养护

黄土在我国分布较广，湿陷性黄土孔隙大、粉粒含量高；易被冲刷、溶蚀；土壤密度及含水量小，主要呈黄色及褐黄色。在干燥情况下，这类黄土强度较高，但被雨水浸湿后，其强度会快速下降，严重影响路基安全，尤其是处于湿陷性黄土地区的山区厂矿公路，其地理环境复杂，行驶车辆载重较大，若未做好路基防护工作，很容易发生路基病害问题，严重影响车辆行驶安全，其中以黄土高原的黄土沉积最为典型。

（一）病害的种类

黄土是第四纪的一种特殊堆积物，其主要特征是颜色以黄色为主，有灰黄、褐黄等颜色，粉粒含量一般在 55%以上，在公路路基土分类中，为特殊土，在塑性图上属于低液限黏土。黄土具有肉眼可见的大孔隙，孔隙比在 1 左右，无层理，垂直节理发育，具有湿陷性和易溶性，一旦遇水，其天然结构容易发生崩解破坏，轻则导致路基沉陷，重则导致边坡塌陷，进而导致路基路面破坏，甚至导致中断交通。路基病害主要有路基沉陷、路基翻浆、排水设施破坏、边坡坍塌、水毁冲沟。

（二）成因分析

结合养护经验分析，形成病害的原因，主要有以下几种。

1.黄土自身的原因

由于黄土具有湿陷性，一旦遇水，其天然结构就会发生破坏，形成沉陷或陷穴、边坡塌陷、路基沉陷等路基病害。

2.设计方面的原因

在设计方面，主要是排水系统设计得不完善。

3.排水构造物的原因

在修建公路时，设计的边沟、排水沟、急流槽等排水设施，大多数都是用浆砌片石或混凝土建造的，这些排水设施施工后，地基会发生沉降，导致排水设施发生变形，一旦下雨，雨水从伸缩缝下渗，逐渐使边沟地基形成陷穴，导致边沟塌陷破坏，从而造成路基破坏。

4.养护中的原因

养护中的原因，主要有以下几方面：一是养护不及时，对于一次因降雨而形成的小病害，没有及时发现并处理，导致再次降雨后病害加重；二是养护投入不足，对于一些病害，如果彻底处理，有时需要投入的资金较多，而日常养护中的资金有限，缺口较大，对于一些病害的处理，只好头痛医头脚痛医脚，导致病害反复发生；三是养护中的一些处理措施不合理，导致无法对一些病害彻底处理。

（三）养护与维修对策

近几年，在公路养护维修中，针对不同的病害采用不同的措施进行处理，取得了一定的成效，逐渐形成了一套行之有效的办法。下面针对具体的病害处理方法，做一些简单的论述。

1.路基沉陷

对于填方路基沉陷，应加强养护调查，查明原因，采取不同的处置方法。对于一些因低矮路基沉降而形成的沉陷，应采取回填、加厚路面等方法一次性处理。对于较高的填方路基，根据路基工作区深度，采取换填的方法处理。由于换填浅了没有作用，换填深了影响交通，一些地方无法中断交通施工，因此采取注浆加固、碎石桩加固等措施，尤其是对于高速公路路基的沉降，碎石桩加固取得了很好的效果。

2.路基翻浆

路基翻浆主要是水的冻融及行车的作用所致。近年来，通过用混凝土或浆砌片石加固土质边沟，防止雨水下渗进入路基，尤其是加固一些进行灌溉的边沟和排水沟，取得了一定的效果，大大减少了路基翻浆病害。

3.合理设计养护维修方案

在设计方案时，查明路基范围内的各种隐患，针对不同隐患，采取不同的处置措施，取得了一定的效果。在设计中，一是对于排水构造物的基础，采用换填无机结合料稳定材料来建造，以减小地基沉降变形的概率；二是改变以往的维修方法，采用 PVC（polyvinyl chloride，聚氯乙烯）管等管材维修完善排水设施。根据以往的经验，对于损坏的排水设施，往往原样修复，比如对于混凝土边沟、急流槽的破坏，采用混凝土修复，对于浆砌片石边沟、急流槽的破坏，采用浆砌片石修复。修复之后，新修复的地方好了，旧的地方又坏了。后根据实际情况，采用 PVC 管、波纹管等修复急流槽，则修复一处，成功一处。

二、沙漠地区路基工程的养护

（一）沙漠地区常见病害

1.沙害

沙漠地区风沙对公路的危害有两种，即路基风蚀和沙埋。①风蚀：填方路堤的风蚀，主要出现在迎风边坡及路肩边缘部位；挖方路堑的风蚀，在路堑顶地形发生变化的棱角部位最为严重。②沙埋：按积沙形式，可分为片状积沙、舌状积沙、堆状积沙三种类型。

2.水毁

沙漠公路的水害情况有以下三种：自然降水冲刷路面、路肩及边坡；沿河、沿溪路线水冲刷破坏路基；水浪对风积沙路基的危害。

3.路基不均匀下沉

路基的不均匀下沉，是指沙漠公路受重力及动载力作用，所产生的不均匀沉降，进而引起路面沉落不平，变形、开裂、破坏的一种病害。主要出现在下列路段：①路基下卧层浸水变软地；②高填方路段边坡较陡处；③路基填料为风积沙、淤积土或与其他土类交错变换处；④凹形竖曲线最低处；⑤桥涵两头。

4.路基盐胀

盐渍土是大陆性干旱少雨气候区内重要的地理地质象征之一，其盐分组成主要有氯化物、硫酸盐、碳酸盐、硝酸盐，对公路危害最大的是硫酸盐盐渍土。

5.路基冻胀翻浆

多出现在沙漠公路进出口及沙漠边缘泉水溢出带。

（二）沙漠路基的养护与维修

（1）对沙漠公路风蚀病害的养护，就是维护路基两侧边坡及其以外一定范围内的一切防沙设施的完好性，如有毁坏或不足，应及时以有效材料予以修复。

（2）对沙埋的养护，应是先将积于路上的大片积沙，全部清除到主风下风侧路外凹地上，将其整平并进行加固，然后恢复、补齐路侧防沙设施。

（3）对水害的养护是经常整平路肩，使路面拱度与路肩拱度保持一致，尽快填补、压实、整平有冲沟的路肩、边坡。路基边坡采用 50 cm×50 cm 草方格进行加固。

（4）对路基下卧层因浸水变软而下沉的处理方法是采取深挖措施，将变软地面以上的路基路面全部挖除，整平原地面，铺上土工布，再分层填筑沙基、压实、整平，铺上路面。

（5）高填方路基边坡较陡的下沉，多数是由于边坡防护失效，边坡受风吹蚀，致使边坡过陡，降低了路基边缘部位抗侧向压力的能力，故而发生下沉。通过挖除下沉路基，将挖出的沙土填到边坡被风侵蚀的坑凹内，填料不够时从远处沙丘运取，随填随压使之密实，恢复边坡防护设施。

（6）凹形竖曲线最低处的下沉，一般出现在凹形竖曲线底部但高度不同的填方路堤路段，它是由于汽车下坡冲击力的频繁作用而出现的下沉。养护维修方法是：挖除下沉部分，分层填筑风积沙路基并压实，在路基顶铺上土工布，铺筑沙砾垫层、水泥稳定碎（砾）石基层（厚度 15～20 cm）、路面面层。

（7）桥涵两头下沉是由于桥涵两头路基压实不够造成的。养护维修方法是：单从表面填补，无法消除其病害，必须在桥涵两头 8～20 m 长度内，将路面、路基挖除，挖出深度为 30～40 cm，整平，铺上土工布，铺筑沙砾底基层压实，再铺筑 15～20 cm 厚度的水泥稳定碎（砾）石基层并压实，最后铺筑路面面层，整平压实。

（8）对只有轻微盐胀的公路，取路基土进行化学分析，硫酸盐含量在 1.2%以内者，可用细粒式沥青混凝土罩面，填低削高，以消除病害导致的路面不平整现象。

（9）对严重盐胀路段，仍取路基土进行化学分析，硫酸盐含量在 1.5%以上，而且大部分在 3%以上者，用简单的方法和低成本措施是难以奏效的，需要采用以下三种方法才能消除其病害，即在盐胀路面之上加铺沙砾的重力法、挖除盐胀路面路基以换填风积沙法、改变路线位置重新建设一条公路法。

（10）对已发生路面翻浆的路段，要彻底挖除破坏的路面和湿软成泥的路基。到底后将挖坑修整成规则的平面形状，使垂直坑壁、基底平整，铺带膜土工布，分层填筑风积沙或其他坚固稳定材料，最好是级配沙砾，分层压实，至路基顶后，再铺筑各结构层路面。

（三）防沙工程

沙漠公路的路侧防沙，包括工程防沙措施和植物固沙措施两个方面。

1.工程防沙措施

工程防沙措施概括起来有"固、阻、输、导"四种。

（1）固沙措施：采用短节压扁芦苇、麦草、沙砾及黏性土，对流动性沙面加以固定，控制沙粒移动。将芦苇和麦草设置成 1 m×1 m 方格状，使其压入沙中 10～15 cm，露出地面 15～25 cm，可使用 6～8 年。

（2）阻沙措施：将芦苇、红柳、树枝、高粱秆、玉米秆扎成立式栅栏，使其埋入沙中 20 cm，露出地面 100～130 cm，并留 20%～25%的孔隙，对其根部用矮沙障予以固定。栽设位置一般应在固沙带外 20～30 m 处，与路线走向平行。

（3）输沙措施：主要在路基主风上侧设浅槽和在路基路面上采取措施，使过路风沙流以非堆积搬运的方式迅速通过。在养护上要经常保持填方路堤的缓边坡或浅槽横断面形式，在挖方路堑保持敞开式的横断面形式。

（4）导沙措施：采用各种由有茎秆草类扎成的立式栅栏将风沙流侧导到有利地形后通过公路，侧导栅栏与路线走向斜交，平面上可呈人字形，也可呈一字形。栅栏构造与阻沙栅栏相同。

2.植物固沙措施

防沙林的栽植，应按因地制宜、因害设防的原则进行。防护路基边坡应以密植草皮或茎枝爬地的草丛为佳。

沙漠地区的防沙固沙工程是保障沙漠公路使用年限与使用质量的重要措施，通过及时养护，减少沙害的影响，可以保证公路正常的使用与运营管理。

三、多年冻土地区路基工程的养护

（一）多年冻土的危害

1.路基冻害

路基冻害主要表现为路面或地面发生冻胀的程度不同，会使得原有路基发生不规则变形，进而影响工程的安全使用，原有路面需要经过处理后，才能继续投入使用。

2.路基纵向开裂

在冻土地区，当气温骤降时，由于路基及道床自身具有保温作用，道床下路基与两侧的基床土因发生不同程度冻结而收缩变形，路肩及道床坡脚与轨枕可能纵向开裂。这种工程病害具有不可逆性且危害大，在工程中应尽量做好预防措施。

3.路基沉降

在冻土地区，路基基底常年受低温影响，土层水分会结成冰，加上路面车辆行驶带来连续不断的荷载，时常还会出现荷载超过路面最大承受荷载的现象，土层之间的间隙会减小，土冰层出现融化，进而导致路基下沉，若修筑路基工程时没有做好排水工作，就会造成积水，积水越多就越容易产生热效应，使得冻土地区的地下冰加速融化，从而导致融沉。

（二）路基病害产生的原因

冻土地区路基病害产生的原因分内因与外因，内因是冻土的工程性质，外因包括特殊的气候条件和工程因素。

1.冻土的工程性质

冻土对气候、水文和地表条件的变化极其敏感，具有融沉、冻胀等特殊的工程性质，而冻土的冻胀、融沉是由土中水的冻结与冰的融化而造成的，是温度与水分综合作用的结果。多年冻土区路基可分为季节活动层和多年冻土层，地温、含水量和含冰量极大地影响季节活动层和多年冻土层的力学性能。路基修筑在季节活动层上，活动层的力学性质是影响其稳定性的关键因素。全球气候变暖，加之公路的修筑，使得多年冻土层上限下降，冻土转化为融土，这也是路基承载能力下降的关键因素之一。

2.特殊的气候条件

以青藏公路为例，其海拔高，所处区域气温低，土壤冻结过程与融化过程一样，均是周期气候的产物。青藏高原的降雨主要集中在每年的 6～9 月，这种集中降水从路基的边坡渗入路基内部（青藏公路路基排水是散排）。降温引起土体冻结，土体中水分的不均匀性和水分迁移通道的差异性，致使冻结过程中路基土体发生不规则的冻胀变形。随着气温上升，土体中的冰融化，水分的增加降低了土体强度，在行车荷载的作用下，被弱化的土层就会发生变形，而其下的冻土层却具有很高的强度，致使弱化土层产生水平向的变形，路面表现出融沉或翻浆现象。在气候周期变化的影响下，路基土体常年处于冻胀和融化状态，结构疏松，承载能力下降极快。

3.工程因素

公路的修筑过程改变了原有的地表水热平衡状态。路基断面类型、路基填料和路面性质都是影响路基病害的原因。路基的断面类型指路基的高度、宽度以及排水设施等。路基高度和宽度的不同会引起热阻和热储差异；路基高度越大，因阳坡面接收太阳辐射热而产生的热阻、热储的差异就越明显。排水设施的完备与否，决定着渗入路基水分的多少。路基填料性质直接影响路基承载能力和稳定性。沥青路面的铺筑增加了吸收的太阳辐射能量，减少了蒸发耗热量，致使路基内部地温增加，引发融沉现象。

（三）冻土地区路基养护处理

1.热棒技术

热棒一般是由金属管和工作介质组成的，是一种可以传递能量的管体，在热棒的棒体下部温度高于上部温度的时候，下部的热能可以传递到上部，同时，上部的冷能可以传递到下部。热棒可以不断地进行热量的循环传递，使地基下的冻土冷却，并且保持冻结。热棒技术可以主动对路基进行冷却处理，并且使路基下的冻土保持冻结，减少冻土路基的质量问题，保护其稳定性，热棒技术适合在冻土退化区使用。在低温冻土区也可以使用热棒技术，但是会在一定程度上导致成本增加，所以在低温冻土区可以考虑一些比较被动的保护措施，以节约工程成本。在实际的工程施工过程中，要根据各地的不同情况，采取双向热棒或斜置热棒等处理对策，这两种方式的冷却效果比单棒直置的效果要好一些，但是成本也会相对高一些。

2.挤塑保温板处理措施

利用保温板的保温功能，在低路基段阻止暖季热能进入地基，从而避免冻土下降的现象出现，保温板路基可以在设计使用年限内起到延缓冻土退化、保护冻土的作用。保温板路基适用于冻土埋藏较深、含冰量较大、温度较低的路段。当路基高度小于冻土最小设计高度时，可以使用保温板处理；当路堑处需要进行换填以保护下伏的多年冻土时，也可以使用这种处理措施。

3.通风管路基

通风管路基处理措施，具体指的是在路基中沿着该地的主要风向进行通风管的埋置，由于寒冷季节的冷空气密度比较大，在风的作用和冷空气本身的自重作用下，冷空气会在通风管中流动，从而带走管中温度比较低的空气，并且和通风管上部的路基内部土体进行热交换，让该部分土体释放的热量高于吸收的热量，从而降低该部分土体及其附近土体的温度。通风管路基处理措施具有成本低、施工简单等优点。

4.纵向裂缝处理措施

纵向裂缝的处理措施分为两类：直接处理措施和间接处理措施。①直接处理措施包括灌缝、柔性枕梁处理结构、土工格栅处理结构以及土工格栅与柔性枕梁复合处理结构。直接处理措施可以迅速消除路面裂缝，快速改善裂缝造成的影响。②间接处理措施包括碎石护坡路基和遮阳板路基。这两种处理方式可以改变路基内部的温度场，从而保持路基的稳定状态。间接处理措施相较于直接处理措施，投入较大，并且产生效果的时间较长，但是由于其改变了纵向裂缝扩展的条件，所以这种方式可以减少裂缝宽度，同时可以长时间地保持纵向裂缝不再变大。

5.边坡冻融疏松处理措施

当前边坡冻融疏松现象并没有得到公路养护管理部门的重视。对于这种现象可以采取通过施工机械培土加宽路肩的措施，这种措施虽然可以在一定程度上保护路基的边坡，但是耗费的人力和资金成本都比较高，并且保护作用比较小。边坡冻融疏松从表面上看对路基的稳定性不会造成太大的影响，但是若任其发展，会导致路基含水量增大，从而导致路基产生病害。因此，必须加强对边坡冻融疏松的重视，并且不断寻找简单高效、成本低廉的养护方法。

6.冻胀处理措施

水分和温度的综合作用会导致冻胀现象的产生，所以避免冻胀现象发生的措施就是防止路基中的水分过多或出现负温的情况。当前防治冻胀的措施主要是在路基填料中添加石灰等材料或者设置隔温板等。

我国对于多年冻土路基的处理措施的研究已经取得了巨大的进步，但是在一些方面仍然需要进行深入的研究。采取有效的措施治理冻土路基，做到协调管理，对我国多年冻土地区的公路施工有着巨大的帮助，有利于推动交通行业创造更高的经济效益和社会效益。由此可以看出，对多年冻土地区的路基处理进行深入探究，具有非常重要的意义，可以有效推动我国交通行业的可持续发展。

四、盐渍土地区路基工程的养护

（一）盐渍土地区路基常见病害

当距离地表 1 m 内含有容易溶解的盐类，如 NaCl（氯化钠）、$MgCl_2$（氯化镁）、$CaCl_2$（氯化钙）、Na_2SO_4（硫酸钠）、$MgSO_4$（硫酸镁）、Na_2CO_3（碳酸钠）、$NaHCO_3$（碳酸氢钠）等，其含量超过 0.3%，即属盐渍土。我国西北、东北的干旱地区及沿海平原地区分布着大面积的盐渍土，其盐含量通常是 5%～20%，有的地区甚至高达 60%～70%。由于土中含有易溶盐，土的物理、力学上的筑路性质发生变化，将引起许多路基病害。盐渍土在干旱季节和干旱地区，受盐类的胶结和吸湿、保湿作用，有利于维持路基稳定。但一旦受到雨水、冰雪融化后带来的淋溶作用，盐渍土含水量急增，则会出现湿化坍塌、溶陷、路基发软等现象，致使路基强度降低，丧失稳定性，甚至失去承载力，进而导致路基容易出现下列病害：公路泥泞；加重路基翻浆及冻胀病害；受水浸时，强度显著下降，发生沉陷；硫酸盐导致盐胀作用，使土体表面结构破坏和疏松，甚至出现路面被拱裂及路肩、边坡被剥蚀等现象。

（二）盐渍土地区路基养护的主要技术措施

（1）排水沟要保持 0.5%～1%的纵坡；在低矮平坦、排水困难的地段，应加宽、加深边沟或在边沟外增设横向排水沟，其间距不宜大于 500 m，沟底应有向外倾斜 2%～3%的横坡。

（2）加深、加宽边沟形成的弃土，可堆筑在边沟外缘，形成护堤，以保护路基不被水淹。

（3）在盐湖地区用盐晶块修筑的路基表面，原来没有覆盖层或覆盖层散失的，宜用砂土混合料进行覆盖和恢复。路肩如出现车辙、坑凹、泥泞，应清除浮土，洒泼盐水湿润，再填补碎盐晶块来整平夯实，仍用砂土混合料覆盖压实。

（4）秋季或春融时期，路肩容易出现盐胀，甚至翻浆。隆起部位应铲去，以使地面水及时排出。

（5）对边坡经受雨水或化雪冲融后出现的沟槽、溶洞等，可平铺盐壳或掺砾黏土料，并拍紧，防止疏松。

（6）防止边坡水土流失，应结合当地植物生长情况，种植一些耐盐性的树木或草本植物（如红杨、甘草、白茨之类），以提高边坡稳定性。

（7）在过盐坡地区，对高等级的公路，为防止路基吹蚀、泥泞以及防止水分从路肩部分下渗而造成路面沉陷，其路肩可考虑采用下列加固措施：①将粗粒渗水材料掺在当地土内以封闭路肩表层；②用沥青材料封闭路肩；③就地取材，用 15 cm 厚的盐壳加固。

（8）对硫酸盐渍土路基，为处理边坡因疏松、风蚀和人畜踩踏而造成的破坏，可根据需要，采用在路堤边坡上平铺卵石、砾石、黏土或盐壳等措施。

五、其他特殊地区路基工程的养护

（一）泥石流地段路基工程的养护

泥石流是一种突然爆发的含大量泥沙石块的洪流。其对路基的危害主要是通过堵塞、淤埋、冲刷、撞击等实现的。我国泥石流主要分布在西南、西北及华北的山区，华南、台湾及海南岛等地山区也有零星分布。

对泥石流的病害，应通过访问、测绘、观测等获得第一手资料，掌握其活动规律。可以采取以下措施对泥石流进行防治。

（1）植树造林、封山育林。对有流泥、流石的山坡，特别是在分水岭、山坡、洪积扇上及沟谷内，应在春秋两季大量植树造林、铺植草皮。树木以生长快、根系多的柳树等为宜。铺草皮要先修整边坡，铺后要用木槌拍紧、拍平，使接缝紧密。但因草坡只能预防坡面冲刷、侵蚀，因此不宜种植在滑动没有停止的边坡。同时，应控制放牧，不允许在同一坡面上伐树、采挖草皮，以防止造成新的泥石流。

（2）对平整山坡，填充沟缝，修筑梯阶、土埂，以控制水土流失，防止滑坡发展。

（3）修筑排水及支挡工程，如修筑截水沟、边坡渗沟等排水工程，以及设置支撑挡墙来加固沟头、沟底、沟坡，以稳定山坡。

（4）在地质条件好的上游，分级修建砌石或混凝土挡渣坝，以起到沉积、拦阻泥石的作用。坝址宜选在能充分停淤的沟谷狭窄处，基础要设置在可靠的地基上。对于沉积在坝后的泥石，要随时清除。

（5）对少量的泥石流，应在路肩外缘设置碎落台或修建拦渣挡墙，并随时清除冲积的泥石。

（6）采用桥梁或涵洞跨越泥石流，但要考虑淤积的问题。

（7）采用明洞及隧道，这一措施一般用于路基通过堆积区，且泥石流规模大、发生频率高、危害严重而不易采取其他措施的情况下。

（8）设置渡槽。

（9）设置排导设施，如排洪道、急流槽、导流堤。

（10）采取滞流及拦截措施，如做谷坊坝、挡渣坝、停淤场等。

（二）泥沼及软土地带的路基工程养护

我国东北的大小兴安岭、长白山、三江平原、松辽平原等地及青藏高原和西北地区的湖盆洼地、高寒山地均分布有泥沼；在内陆湖塘盆地、江河湖海沿岸和山河洼地则分布有近代沉积的软土。泥沼、软土地带的路基，多因地面低洼、降水充足、地下水位高、水分饱和而导致透水性小、压缩性大、抗剪强度低，在填土荷载和行车荷载的作用下，容易出现沉降、冰冻膨胀、弹簧、沉陷、滑动、基底向两侧挤出淤泥等病害。路基损坏的整治，应针对病害情况，采取下列几种措施。

（1）处理沉降，可用填筑土石来恢复，使其与两端衔接平顺。

（2）治理膨胀、弹簧、沉陷病害，可通过打石灰桩吸收水分来防止溶冻、翻浆。

（3）对滑动、基底挤出淤泥病害，可采用支挡设施进行治理，如在坡脚打木桩、做干砌块石挡墙等方法。

（4）路基两侧的下边坡，宜种柳、枫、杨等亲水、根系发达的树，以增强路基抵抗冲刷和浸蚀的能力。

（5）综合加固。

①砂井与反压护道并用。

②反压护道和砂垫层并用。

③反压护道与片石齿墙并用。

④柴排与砂垫层并用。

⑤反压护道与换土并用。

⑥降低水位，视情况加深两侧边沟，以促进路基土渗透固结。

（三）透水路堤的养护

透水路堤的边坡应保持稳定和完好，若发现有冲塌缺陷，应选用与原来相同的材料填补加固。透水路堤伸出路基坡脚以外部分，应经常清理，保持原有的宽度，防止边坡土塌落，堵塞石缝。透水路堤上游的路基护坡，应保持高出洪水位 1 m，如雨季后检查出高度不足时，应采取补救加固措施。上游护底的铺砌，必须保持平顺、密实、无淤积，如发现松动变形，需及时修补。

透水路堤顶面与路基之间所铺的隔离层，是防止毛细水上升的设施，如路基出现发软变形，证明隔离层失去作用，应进行返修恢复工作。透水路堤在养护加固中，如遇不能清除淤塞物的情况，则应改为修建桥梁或涵洞，以利宣泄。

（四）沿河路堤护岸的养护

护岸设施应在洪水期前后观察其作用和效果，检查是否完整稳固。当护岸受到洪水冲刷与波浪、漂浮物等冲击损坏时，应采取抛石加固措施，其方法是用坚硬的石料堆成 1∶1～1∶2 的坡度，抛石体厚度不小于石块尺寸的 2 倍。

第五章 路面的养护与维修

第一节 高等级公路路面
常见病害及养护

高等级公路对提高公路运输能力、增强运输安全性等有着重要的作用，但受到施工技术、管理水平等因素的影响，加之车流量的不断增加，高等级公路路面难免发生沉陷、水损坏、车辙等病害，影响行车舒适度，并增加了路面养护工作的难度，所以要制定切实可行的养护措施，研究快速修补路面的方法，从而降低高等级公路养护成本，确保高等级公路的运输安全。

一、高等级公路路面病害概述

（一）高等级公路路面病害定义

高等级公路路面病害包括松散、坑槽、车辙等，根据交通运输部下发的《公路沥青路面预防养护技术规范》（JTG／T 5142-01—2021）的规定，各类高等级路面病害的定义如下。

坑槽：路面呈坑洼状，面积超过 30 cm²，平均深度超过 1 cm。

车辙：车辙是车辆在路面行驶中产生的车轮痕迹，是平均深度超过 1 cm 的带状凹槽。

松散：铺设路面的材料年代久远，材料黏结力失效，造成集料松动，平均面积超过 0.05 m²。

翻浆：路面或路基发生变形、路面下陷，深度超过 1.5 cm。

沉陷：路面或路基变形或路面下陷，深度多超过 1.5 cm。

泛油：多发生在夏季高温时节，在阳光照射下路面沥青软化，在车辆经过后，沥青被挤出，在路面表层形成一层薄油层，并出现行车痕迹。

龟裂：龟裂是路面因干燥或热胀冷缩造成的缝宽超过 3 mm 及缝隙距离在 10 cm 以内、面积超过 1 m² 的不规则块状裂缝。

网裂：网裂是路面缝宽超过 1 mm 及缝隙距离在 40 cm 内、面积超过 1 m² 的网状裂缝。

（二）高等级公路路面病害分类

1.结构性病害

结构性病害多是由路面各层或某层承载能力下降造成的，主要包括局部裂缝、车辙、桥头跳车、剥落、松散及坑槽、刨光、波浪、拥包及泛油、修补不良、路面透水等。在沥青表面主要表现为产生裂缝，尤其是横向裂缝。这种裂缝多贯穿于整个横向路面，裂缝长度为 5～50 m，最终造成整个路面的结构层被破坏。

2.功能性病害

功能性病害多是因公路维护不及时，而造成的路面平整度下降、车辙加深等现象，影响车辆行驶的舒适度与安全性能，容易引发安全事故。主要包括如下病害类型：①纵向裂缝。该类型病害的裂缝一般较长，多以单条裂缝的形式出现，是由温差及路基沉陷不均造成的。②龟裂。龟裂是指在高等级公路修建期，由路面未压实或路基下陷等因素造成的小网格状的裂缝。③块裂。块裂是指路面因年久失修而产生的形状不规则的大块网格状裂缝。

二、高等级公路路面常见病害的原因

（一）裂缝

裂缝包括横向裂缝、纵向裂缝等。

1.横向裂缝

造成路面横向裂缝的原因有温度变化、地基变形及车辆行驶荷载等。

温度变化引起的横向裂缝：根据沥青混凝土热胀冷缩的性质，其在高温下应力吸收能力良好。山区气温随海拔高度的升高而降低，昼夜温差大，会在沥青层中产生温度应力，在温度应力的持续作用下，沥青层因温差变化而产生温度疲劳裂缝。

反射裂缝：若路面使用半刚性基层材料，则成型后存在明显的裂缝，其裂缝间距多为 15～30 m。受车辆行驶负荷的影响，尤其是当车辆超重时，半刚性底层就会产生大的拉应力，造成基层开裂；在负荷反复作用下，裂缝就会逐步扩展到沥青层，使裂缝贯穿在半幅路面或整个范围内。一般情况下，该裂缝呈规律性的等距分布。

2.纵向裂缝

造成路面纵向裂缝的因素有路基填筑材料、施工质量及车辆行驶的稳定性等。

3.不规则裂缝

随着通车时间的增加，路面或多或少会出现网裂及龟裂等不规则裂缝，并出现槽状或盆状沉降曲线，究其原因，主要有以下几点：①素土层遇水后，路面承载力下降，并在拉伸作用下造成矿料疲劳破坏，从而出现不规则裂缝；②若施工质量差，混合料搅拌不均，混合料水量、压实度及厚度呈现出不均匀性，造成路面整体不均匀，在车辆荷载作用下，路面薄弱处就会出现槽状或盆状不规则裂缝。

（二）水损坏

水损坏在路面早期比较常见，同时也是破坏力最大的病害，主要包括网裂、翻浆及坑槽等，多发生在排水不畅的路段，挖开路面会看到积水或泥浆，水损坏不会造成路面全部被破坏，仅会在局部产生坑槽，尤其是行车量大的路段，主要原因是沥青及混合料的离析所产生的矿料集，使局部地区的空隙过大，造成路面渗水并破坏路面。

（三）车辙

车辙是路面在重车碾压下所形成的纵向带状凹槽，产生原因包括：①路面结构层不合理导致各层受力不均；②不能很好地传递荷载应力，造成应力集中而出现变形；③路面厚度薄，导致不能承受荷载力而发生变形；④沥青等矿料质量不佳，不能耐受高温而导致路面失稳。

三、高等级公路路面病害修补方法与养护措施

（一）裂缝的修补方法与养护措施

1.普通沥青灌缝

对于缝宽 6 mm 内的裂缝，应用空气压缩机吹干净尘土。对 6 mm 以上的裂缝，要清理干净缝隙内的杂物并剔除松动的缝隙，并用空气压缩机吹干净尘土，然后在现场加热沥青，温度为 150℃ 左右，并用铁壶或专用容器把沥青灌入缝隙内，浇灌 2～3 遍。该法操作简单，所需设备及人员少，费用低，效率高，不足之处是沥青和缝隙黏结强度不高，使用周期仅为 1 年，且夏季温度高，有被车辆粘走溢出沥青的风险。

2.溶剂型改良沥青灌缝

该方法适合裂缝数量较多的情况，改良沥青是指在沥青中加入丁苯橡胶等

改良剂。使用方法为先清理干净裂缝内的杂物及尘土，然后在容器内装入改良沥青，用气泵灌入裂缝内，重复 2～3 次，直到灌缝材料和路面等高，在灌缝表面撒上细砂并抹平。为了避免出现路面裂缝，要做好路面养护工作：①在路线设计时要避免路线经过洼地，若无法避开，要采取措施避免表层水流到路基上，并在路边设置排水沟避免出现裂缝。②雨水容易渗入坡面路基，导致路基承载力下降。要在路基上侧的坡面设计边沟，截断流向路基的水流，并设置盲沟，避免雨水涌入土层顺流到路基下的地基中，并在合适位置建设涵洞，把水引到下坡位置排走。③若路基压实度不够，降雨时就会造成路基边缘下沉，导致产生裂缝，所以施工时要着重做好路基边缘的碾压。④为了避免裂缝在结构层的贯通，可在路面结构层中设置过渡层或铺设应力吸收层，从而防止路面病害的进一步发展。

（二）水损坏的修补方法与养护措施

1.路面坑槽的修补方法

路面坑槽的修补方法有以下几点：①本着圆洞方补的原则，测定坑槽的范围及深度，并划出和路面平行或垂直的修补轮廓线，将槽底及槽壁清理干净。②在槽底及槽壁上涂上黏结剂沥青，填充沥青混合料。填充材料要尽量和原路面所用材料一致，根据实际情况采取热拌法或冷拌法等，填充材料有乳化沥青混合料或袋装沥青预拌乳化混合料等。③用平板压实，填补部分要高出原路面 2～4 mm，在后期经车辆碾压后即与路面持平。

2.麻面的修补方法与养护措施

对于路面的轻微麻面，若路面沥青层不贫油，在高温时节撒上适量嵌缝料，将其填充到石料空隙中即可；对于大面积的麻面，要喷洒黏度高的沥青，并撒上适当的嵌缝料，使中间的麻面部分的嵌缝料更厚一些，路面接口处薄一些，然后碾压成形。若路面沥青量少，要先把路面松动的矿料收集在一起，待气温升高到15℃以上时，喷洒适量的沥青，并均匀撒上适当的粗砂或石屑，最后用压路机压平。另外，应根据水损坏的内外因采取有效的养护措施，做好路面防水、排水措施，以把水损坏造成的损失降到最低。具体措施如下：①从表面将水封住，从表面排走水；②从路面中层封水，从表层排走水；③将路基表面封住，避免水从沥青层出来浸泡基层；④若水渗入基层，要建设排水式基层。

3.沉陷的修补方法与养护措施

第一，从源头上消除沉陷。地基沉陷多是路面在自身及长期的负荷下产生的沉降，是地基内部各土层因承载的作用力不同而发生的固结变形，所以要采取措施处理地基，避免地基下沉。第二，避免桥头填充物的固结变形。桥头填充物的作业面小，使用压路机不能正常碾压，所以桥头填充物的压实度往往不够，从而产生沉降。在施工时要在桥梁涵洞的台背处填充石灰或水泥等矿料，并采取桥头搭板的方式避免桥头跳车。

4.车辙的修补方法与养护措施

车辙的产生和沥青的高温抗剪强度有直接的关系，所以要尽量选择温度性能良好的沥青，从而提高沥青的稳定度，同时使用黏稠度较高的沥青，以提高沥青的抗变形能力。对连续长度小于 30 m、深度小于 8 mm 的车辙，可采取路面烘烤或耙松的方式，适当添加新料并压实。若车辙长度超过 30 m、深度超过 8 mm，则采取路面上层或中上层铣刨的方式，并重新摊铺路面。对深度超过 8 cm 的车辙，可采取中上层铣刨的方式，并重新摊铺路面。针对因路面施工质量差而造成的车辙，在重新摊铺路面前要先处理好路面，先将路面压实，再重新摊铺。

高等级公路路面病害的原因是多方面的，与设计、施工及维护等存在的不足相关，针对当前高等级公路路面病害早期化的现状，我们要优化设计、强化施工管理、提高施工质量，并缩短维护周期，做好后期维护工作，提高路面使用性能，从而延长高等级公路使用寿命。

第二节　沥青类路面的养护与维修

一、沥青路面的破坏类别

　　路面的破坏大体上可分为两类：一类是结构性破坏，它是指路面结构的整体或其中某一个或几个组成部分的破坏，严重时已不能承受车辆的荷载；另一类是功能性破坏，如路面由于不平整或太光滑，而不再具有预期的功能。这两类破坏不一定同时发生，但都是逐渐积累起来的。对于功能性破坏，可以通过修整、养护来恢复路面的平整性或抗滑性，以满足行车使用要求。但对结构性破坏，一般均需进行彻底的翻修。

　　沥青路面所用的矿料粒径规格如果不符合要求，往往会因强度不足和劈裂作用而使矿料被压碎，从而导致路面破坏。在夏季高温时，沥青材料黏滞度降低，在荷载作用下，可能使路面表面造成泛油，也可能使沥青材料与矿料一起被挤动而引起面层车辙、推挤、波浪等变形破坏。在冬季低温下，沥青材料会由于收缩作用而产生脆裂破坏。在水分和温度作用下，沥青材料与矿料间的黏结力降低，沥青面层就会出现松散、剥落等破坏。

二、沥青路面的病害种类

　　沥青路面各种病害的成因比较复杂，由于环境、地点、气候条件的不同，出现的病害情况不一。现将沥青路面的几种主要病害与防治方法介绍如下：

（一）泛油

　　泛油大多是由混合料中沥青用量偏多、沥青稠度太低等引起的，但有时也可能是由于低温季节施工，表面嵌缝料散失过多，待气温变暖之后，在行车作用下矿料下挤，沥青上泛，表面形成油层而引起的。沥青表面处治和沥青贯入式路面最易产生此类病害。可以根据泛油的轻重程度，通过铺撒粒径较粗的矿料来进行治理。

（二）波浪

波浪是路面上形成的有规则的低洼和凸起变形。波浪的产生，主要是由于沥青洒布不均形成油垄，沥青多处矿料厚，沥青少处矿料薄，再经过行车不断撞击而造成的路面高低不平的现象。交叉口、停车站、陡坡路段等行车水平力作用较大的地方，最易产生波浪变形。波浪变形治理较为困难，轻微的波浪可在热季采用强行压平的方法治理，严重的波浪则需用热拌沥青混合料填平。

（三）拥包

在行车水平力作用下，如果沥青面层材料的抗剪强度不足则易产生推挤拥包。这类病害大多是由所用的沥青稠度偏低、用量偏多，或因混合料中矿料级配不好、细料偏多而产生的。此外，面层较薄，以及面层与基层的黏结力较低时，也易产生推挤、拥包。这种病害一般只能采取铲平的办法来治理。

（四）滑溜

沥青路面滑溜主要是由行车作用造成的，沥青面层中多余的沥青在行车荷载重复作用下泛油，也易导致表面滑溜。这类病害通常采用加铺防滑封层的方式来治理。

（五）裂缝

沥青路面裂缝的形式有纵向裂缝、横向裂缝、龟裂与网裂几种。

沥青路面沿路线纵向产生的开裂，一种是因填土未压实，路基产生不均匀沉陷或冻胀作用所造成的；另一种是因沥青混合料摊铺时间过长，或接缝处理不当，接缝处压实未达到要求，在行车作用下而形成的。

冬季气温下降，沥青路面或基层收缩而形成的裂缝，一般为与公路中线垂直的横缝。土基干缩或冻缩产生的裂缝，亦以横缝居多。

当路面整体强度不足、沥青面层老化时，往往会形成图形闭合的龟裂、网裂。对较小的纵缝和横缝，一般灌入热沥青材料加以封闭处理。对较大的裂缝，则用填塞沥青石屑混合料的方法来处理。对于大面积的龟裂、网裂，通常采用加铺封层或沥青表面来进行治理。网裂、龟裂严重的路段，则应进行补强或彻底翻修。

（六）坑槽

沥青路面产生坑槽的原因是面层的网裂、龟裂未及时养护。基层局部强度不足，在行车作用下也易产生坑槽。坑槽治理的方法是将坑槽挖成矩形，使槽壁垂直，在四周涂刷热沥青后，从基层到面层用与原结构相同的材料填补，并予夯实。

（七）松散

松散大多发生在沥青路面使用的初期。松散的原因是采用的沥青稠度偏低，黏结力差，用量偏少；或所用的矿料过湿、铺撒不匀；或所用嵌缝料不合规格而未能被沥青粘牢。基层湿软，则应清除松散的沥青面层后重新压实，待基层干燥后再铺面层。

（八）啃边

在行车作用和自然因素影响下，沥青路面边缘不断缺损，参差不齐，路面宽度减小，这种现象称为啃边。产生的原因是路面过窄，行车压到路面边缘而造成缺损。边缘强度不足、路肩太高或太低、雨水冲刷路面边缘等都会造成啃边。对啃边病害的治理方法是设置路缘石、加宽路面、加固路肩。有条件时设法加宽路面基层到面层宽度外 20～30 cm。

三、公路沥青路面养护施工技术

（一）裂缝病害的治理

治理公路沥青路面裂缝问题可以用灌封胶修补路面裂缝，灌封胶具有很强的黏合力，可以有效黏合沥青。在用灌封胶修复过程中主要利用开槽机和灌缝机，开槽处理公路表面之后需要清理基础表面，随后预热灌胶材料，在裂缝中填入材料，等待风干之后才可以开放交通。还可以利用稀浆封层材料落实灌粉工作，首先清理裂缝问题，随后搅拌稀浆封层材料，并将其填入缝隙中，在整平和压实处理之后，等待 20 min，待封层材料破乳之后方可开放交通。在处理轻度龟裂的过程中可以利用雾封层法，这种方法有利于提升沥青路面的防水性和耐久性。

（二）坑槽防治措施

（1）热烘式坑槽养护处理技术。施工单位可以利用设备间接加热沥青路面坑槽，同时需要整平压实旧沥青混合料。但混合新旧材料不利于保障新材料性能，即使压实操作符合要求，也无法优化硬化效果。

（2）喷射式坑槽养护处理技术。这项技术的使用需要结合自动坑槽维护风机，通过高风量清理坑槽中的废弃物，通过喷嘴向坑槽中吹入沥青混合料，整体施工过程自动化程度较高，可以提高施工效率，节省施工时间和人力资源。

（三）处理松散和麻面问题

在公路工程施工中如果温度较低，将会提高松散和麻面问题的发生率。工作人员发现这类问题之后，需要利用乳化沥青稀浆材料处理问题。对于因黏结料老化而引发的松散病害，工作人员要重新铺设黏结料，去除老化的材料。

（四）车辙防治技术

为了防止产生车辙，需要提高沥青混合材料的黏稠度，在选择沥青的过程中要注重黏稠度指标，把控沥青黏度变化，降低外界温度的负面影响。在施工材料中掺加树脂和橡胶等，有利于改善沥青反应；也可以利用吸油材料代替橡胶，这类材料具有稳定的温度感知能力。

（五）推移病害的防治技术

在公路沥青路面施工中，要加大质量管控力度，通过压实处理来提高路面的稳定性，减少推移病害的发生。施工单位要根据技术要求合理配比施工材料，同时要做好清理工作，避免杂质影响施工质量。施工单位要完整洒布沥青。监理部门需要控制车辆超载情况，从而降低推移病害的发生率。

（六）乳化沥青稀浆封层养护施工技术

在公路沥青路面铺设阶段利用乳化沥青稀浆封层养护施工技术，有利于处理松散和裂纹等问题，进一步提高公路沥青路面的平整度和抗滑性。为了充分发挥这项技术的优势，施工单位要合理配制沥青、集料及添加料等，对其充分搅拌，使其形成稀浆，随后在路面上均匀地铺洒。施工单位要严格将铺洒厚度控制在 5 mm 以内，以优化整体养护效果，同时节省材料。

（七）微表处养护施工技术

在公路沥青路面养护中利用微表处养护技术可以改善公路沥青路面性能。微表处养护技术包括单层摊铺和双层摊铺，均可用于修复路面车辙，这有利于提高公路沥青路面的摩擦力和耐用性。为了充分发挥这项技术的优势，施工单位在材料配比阶段需要根据标准要求开展操作，同时需要控制周边环境的湿度，在完成养护工作后需等待 1 小时才可以通车。

（八）密实粗集料级配沥青混凝土养护施工技术

利用密实粗集料级配沥青混凝土养护施工技术，有利于优化整体修复效果，提高整体工程质量。施工单位需要关注混凝土性能，避免公路沥青路面发生水损问题。为了优化施工效果，施工单位要加大培训力度，通过落实安全教育，提高员工质量意识，严格落实施工流程，降低安全事故发生率。

为了保障公路工程质量，施工单位需要合理选择公路沥青路面养护施工技术，从而降低施工病害发生率，提高公路行驶过程的安全性，增强公路沥青路面的耐久性。

四、公路沥青路面的养护维修措施

（一）做好沥青混合料拌和工作

在实施沥青混合料拌和工作时，应控制沥青材料的温度。温度未能控制在规定范围内，会造成沥青材料质量不达标，影响拌和效果，不利于后续的摊铺和碾压工作。沥青材料的拌和温度如果低于标准值，容易出现拌和不均；沥青材料的拌和温度如果高于标准值，会造成燃料的浪费，加速沥青材料的老化、硬化，进而影响沥青材料的性能。因此，在拌和沥青材料时，要根据所选沥青材料的特性，合理把控拌和温度和时间。普通的沥青材料，在拌和时的间歇时间应当控制在 45～55 s，干拌时间应控制在 5～10 s，直至沥青材料拌和均匀。集料的烘干温度应比沥青高 10～30℃，储存时间不可超过 3 天。此外，在湖沥青改性沥青混合料的拌和期间内，其拌和温度应控制在 175℃，拌和时间控制为 95 s。湖沥青改性沥青混合料拌和好后，应及时使用，以免发生离析现象。

（二）重视沥青混合料摊铺施工

进行沥青混合料摊铺施工时，应根据实际要求选择合适的摊铺机，确定摊铺机的型号，制定适宜的摊铺施工方案，进行操作优化，为沥青混合料的摊铺工作提供质量保障。在调整摊铺机时，可从两方面着手。一方面，可调整摊铺机的各项结构参数，基于施工要求和实况确定适宜的摊铺宽度、拱度，关注摊铺工作角。摊铺机操作人员应熟读摊铺机使用说明书，严格遵守规定的操作要求，以免损伤摊铺机，确保摊铺机的正常运行。另一方面，应调整摊铺机的运行参数，以实际情况为依据确定摊铺机的摊铺速度、振动频率、幅值等。在实施沥青混合料摊铺作业时，应重视和把控每一个细节，保障最终的摊铺质量。①放线。摊铺公路路面下面层时，应做好放线工作，以悬挂钢丝绳为基准线。在摊铺过程中，将摊铺厚度控制在施工标准范围内，确保摊铺压实后下面层标高达到设计要求。②标高。进行中面层摊铺工作时，需根据下面层摊铺的实际情况开展作业。如在实施下面层摊铺作业时，当其标高达到规定的设计要求，在进行中面层摊铺时，可直接利用浮动梁辅助摊铺机自动找平，以提高路面摊铺的平整性。③找平。在实施下面层摊铺作业时，若其标高与实际设计要求相差较多，仍应以悬挂钢丝绳为基准来进行摊铺。公路路面的磨耗层，可使用浮动梁辅助摊铺机来进行自动找平，使平整度达到施工要求。可结合下承层高程、设计标高，来确定固定基准，保障基准线的高程达到设计标准，控制好面层厚度和平整度。在横坡段施工过程中，可使用双挂线来进行摊铺作业。

（三）提高沥青混合料碾压工作水平

在公路路面维修工作中，应重视沥青混合料碾压工作，不断提升碾压工作水平，以保障沥青路面质量。目前，在公路路面病害问题中，部分病害的产生是由于沥青材料压实工序不到位，进而直接影响路面的整体质量。如基于渠化交通，当沥青混合料的压实度不满足要求时，会增大路面残余孔隙率，导致路面出现车辙等病害，缩短了公路路面的使用寿命；会导致沥青混合料渗透率加大，加速沥青混合料的老化程度，难以保障公路路面的强度，进而影响车辆行驶的稳定性。

公路沥青材料被过度碾压时，会破坏矿料，导致空隙率小于标准值，容易引发公路的泛油问题，不利于保障公路的稳定性。公路沥青路面的损害通常是从局部开始的，损害形式多种多样，较为常见的有坑槽、车辙、裂缝等，造成病害出现的原因也有很多，压实不均匀是常见原因之一。沥青混合料出现离析现象后，会影响沥青压实作业效果，离析包括两种类别，一种是温度离析，另一种是集料离析。为保障沥青路面压实工作质量，使压实度达到标准要求，需要做好沥青混合料的配比设计工作，选择适宜的沥青品种，控制压实过程中的沥青温度，根据沥青混合料温度变化规律，控制压实作业时间，以提高公路沥青路面的压实效果，使其符合相关要求。

第三节　水泥混凝土路面的养护与维修

近年来，随着我国城市建设的不断发展，国家交通公路通行里程数不断增加，水泥混凝土结构由于其具备刚性强、承载力大、耐久性好等特点，被越来越多地用在公路建设中，但这些公路在长期使用的过程中，病害发生的范围较广、频次较高。从病害发生的情况来看，公路大多数容易出现破损、裂缝、断裂等问题，如果不及时采取有效措施进行维修和日常养护，一旦损坏区域进一步扩大，修复起来将极其困难，不仅需要花费大量的维修费用，而且还影响路面车辆的正常行驶，存在潜在的公路交通安全隐患。因此，加强水泥混凝土路面维修养护，无论是从经济角度出发，还是从安全角度来看，都具有十分重要的意义。

一、水泥混凝土路面受损原因

根据调查，造成水泥混凝土路面受损的原因有许多，主要分为以下三个方面：一是施工工艺滞后。水泥混凝土路面对施工工艺具有很高要求，但某些施工单位在实际施工中，并未采用良好的施工工艺，致使水泥混凝土路面施工质量难以得到控制，进而使路面成型质量难以获得保障，最终造成混凝土路面裂缝以及断板等问题的出现，严重影响了水泥混凝土路面的稳定性。二是水泥混凝土路面一旦发生以上问题，就会进一步导致起皮、蜂窝等问题的出现，这无疑加剧了路面受损状况。三是在经过一段使用时间后，路面会存有受损隐患，但在这种情况下若不采取有效的养护维修技术，从根源上杜绝隐患，将会引发新的问题。

水泥混凝土路面裂缝受损类型，主要有横向、表面以及纵向等，如果起初失水过快，极容易造成表面裂缝。如果切缝不够及时，出现失水干缩等问题，就会出现横向裂缝。纵向裂缝的产生则是由湿度与压实程度不够而导致的。

二、水泥混凝土路面养护技术

（一）接缝养护技术

接缝养护技术是一项关键养护技术，对水泥混凝土路面养护具有十分重要的推动作用。传统的养护主要使用切割机锯切或者人工直接清理等方式，这种养护方式不但不利于路面质量的提升，还会增加施工难度。所以，对于这一状况来说，应采用厚锯片接缝方式来锯切旧接缝，并对其中的残留物质进行清理，随后实施灌缝，借助清洗烘干等方法，以实现有效养护。另外，在以往的接缝清洗中，通常会采用高压水及空气相互结合的方式。但就实际情况来看，这种方式并不能够达到完全清理的目的，无法从根源上发挥养护技术的优势。所以，在现今水泥混凝土路面养护中，可通过切割机锯切方式，使用高压水对锯缝中所存在的泥浆进行透彻的清理，然后对锯片进行更换，最后再将接缝重刷一次。

（二）排水系统养护技术

排水系统养护技术在实际养护中的应用对提高路面养护水平极为有利。所以，在水泥混凝土路面养护中，应及时应用这一技术，使混凝土路面稳定性及质量得到有效提升。具体而言，公路本身具备排水系统，要求对路面排水设备实施定期检查，对可能存在的隐患与已经发现的问题，应及时予以解决，使水泥混凝土路面平整度满足相关要求。另外，为使路面游离水快速排出，应在稳定基层上配备相应的排水设施，以确保游离水被快速、彻底排出。除此之外，还应重视完善排水系统，许多路段横坡处都有问题隐藏其中，若不及时发现问题，很容易造成路面沉陷。以路面结构排水来分析，对完成建设改造的路面来说，应设置边缘排水系统，把纵向排水设施以及横向排水设施设置到硬路肩和行车道之间的交接处。同时，为防止水流入分隔带，则应对分隔带采取封闭措施，以实现对水的有效隔离。

（三）抗滑性能恢复技术

这一技术主要应用于提高水泥混凝土路面的抗滑性，通常采用的方法为开挖沟槽以及化学处理技术。其中，前者有利于排除雨水，避免雨水的大量存积对路面的抗滑性产生影响。只有避免这些问题，才能保障车辆在路面上正常行驶，缩短制动距离，从而使因路滑而造成的车辆事故数量得到切实减少。而后者是将部分氟氢酸等物质洒在路面上，借助腐蚀效应，使水泥混凝土路面产生粗糙性，以达到路面抗滑目的，最终使水泥混凝土路面真正得到有效养护。

三、水泥混凝土路面维修技术

（一）混凝土路面的加铺

混凝土路面经过一段时间的使用之后，其行车轴载和轴次大大增加，可能会出现某些损坏，从而不能满足使用要求，因此需要对其进行维护。为了使混凝土路面加铺设计符合实际，既能适应结构强度要求，又不造成浪费，对旧混凝土路面强度特性和力学参数应进行必要的测试和评定，以便获取旧混凝土路面的有关力学参数，包括基础回弹模量、混凝土面板的抗折强度和抗折弹性模量。旧混凝土路面的强度和模量的评定简称为强度评定。

加铺层与原路面层间结合形式的选择同原路面板的完好状况、接缝类型和状况、路拱坡度以及施工条件和造价有关。常用的结合形式有以下几种：

（1）结合式加铺层，适用于旧混凝土板完好，或虽有损坏业已修复，加铺层与原路面板路拱坡度一致的情况。铺加铺层时，先将原面板表面凿毛，除掉碎屑，清洗干净，涂刷高分子黏结材料或掺有黏结剂的水泥浆，之后浇筑混凝土加铺层。加铺层筑缝与原面板接缝对齐，且缝的类型应相同。目前修筑结合式加铺层费工费时，造价较高，限制了其在工程中的广泛应用。

（2）直接式加铺层，适用于旧混凝土面板完好，没有或只有少量裂缝，加铺层与原路面板路拱大体相同的情况。施工时将原面板表面清洗干净，直接在其上浇筑混凝土加铺层。加铺层接缝的位置和类型应与路面板一致。这种加铺层施工方便，造价不高，被工程单位大量采用。

（3）分离式加铺层，适用于旧混凝土面板裂缝较多的情况。施工时，应将原面板上的碎屑杂物清扫干净，对严重损坏板块，查清原因，予以处理。在旧路面上铺沥青混凝土或油毛毡卷材，使之与加铺层分离。沥青混凝土常用沥青砂或细粒式沥青混凝土，厚 2～3 cm。使用油毛毡一至二层，使其相接处至少搭接 5 cm。加铺层的接缝宜与原面板接缝对齐，接缝类型可不相同。

当因纵坡调整或防冻要求在原混凝土路面板与加铺层之间设置较厚的隔离层时，可用沥青混凝土或水泥稳定粒料等材料修筑。

旧混凝土路面在铺设混凝土加铺层后成为双层混凝土路面，其力学模型属于弹性地基上的双层板。研究表明，可采用弹性地基上不同层间接触假设的双层弹性薄板理论来进行计算。同时，用等刚度原则将弹性地基双层板问题转换为弹性地基单层板问题来计算合理而简便，这样在进行混凝土加铺层设计时就可利用现行混凝土路面设计规范的方法。

根据实验结果和以往经验可知，各种层间结合形式的混凝土加铺层最小厚度可取为：结合式 12 cm，直接式 14 cm，分离式 16 cm。

（二）混凝土路面的快速修补

混凝土路面一般都承担较繁重的交通运输任务，如果用普通混凝土材料修补，路面需要经过较长的养护期后才能开放交通，不能适应繁重的交通压力。为了应用快速修补技术，修补材料宜具备以下性质：

（1）有快硬高强的特性，以便在较短的养护期内能满足开放通车的强度要求，由于快速修补材料初期强度提升较快，故混凝土的强度应达到设计强度的 70%，即抗折强度达 3 MPa 时可开放通车。

（2）初凝时间不少于 45 min，以利于施工操作。

（3）具有便于施工的和易性。

（4）与旧混凝土与砂浆有较高的黏结力，黏结抗折强度及黏结抗剪强度不低于修补材料自身强度的 50%。

（5）硬化过程中收缩幅度小，其干缩值宜小于千分之三。

（6）28 天龄期模量值与一般混凝土模量值接近。

（7）与旧混凝土颜色接近，以满足美观要求。

总而言之，在水泥混凝土路面养护维修研究中，应以水泥混凝土路面受损原因为出发点，对路面问题进行有效分析，以找出好的处理方法，使问题得到有针对性的解决。为使水泥混凝土路面使用寿命得到延长，则应采用行之有效的养护及维修技术，对其实施合理养护与科学维修，在最大程度上避免路面问题的产生，从而使水泥混凝土路面质量得到保证，以促进我国公路事业的可持续发展。

第六章 桥梁的养护与维修

第一节 桥梁养护与维修的
目的及意义

公路桥梁建设工程是城市基建的重要组成部分，公路桥梁的建设不仅能够满足人们的出行需求，同时其还是我国经济发展的重要基础。公路桥梁会在不断使用过程中随着时间的推移出现各种各样的问题，这种情况下便需要根据公路桥梁的破旧状态来对其进行养护及维修施工。且随着科技的日益进步，一些新兴材料和新技术也被不断地应用到公路桥梁的养护及维修施工中，进一步地提升了公路桥梁的使用寿命和整体安全性。

公路桥梁在经过长时间的使用过程后，其自身便可能会出现各种各样的问题，因此相关负责单位需要时常根据公路桥梁的使用情况对其进行养护及维修，从而解决公路桥梁存在的各种隐患问题，这样的话才有利于进一步提升公路桥梁的安全性，从而更好地推动其功能作用的发挥。

桥梁工程作为建筑工程中较为重要的一种，其使用寿命比其他工程要短一些，这主要是因为桥梁在日常应用中所受到的磨损一直都是比较严重的，而且桥梁的结构构造也使得其使用寿命会在一定程度上缩减。一般情况下公路桥梁的使用寿命都是较为短暂的，如若不能够定期对其进行养护及维修处理，那么便会使得公路桥梁的使用寿命进一步缩减，当到达一定年限或者公路桥梁自身质量出现严重问题后便需要对其进行停用处理。不过如若能够根据公路桥梁的使用情况经常性地对其进行养护及维修处理，便可以使得公路桥梁的使用寿命有所延长。

总而言之，公路桥梁的养护及维修施工是一件较为重要的事情，对施工人员和施工技术的要求也是比较高的。在实际施工过程中也可能会出现各种各样的问题，不过随着新技术的不断出现，公路桥梁所存在的问题也越来越容易得到解决，在未来的发展过程中，建筑施工相关行业也应当根据现状不断地进行公路桥梁养护及维修技术的研发更新，这样才能够保证在进行养护及维修后的公路桥梁的使用寿命得到进一步的提升，从而达到推动公路桥梁作用发挥甚至是推动社会经济发展的目的。

第二节　桥梁检查和检测
与技术状况评定

桥梁，一般指架设在江河湖海上，使车辆行人等能顺利通行的构筑物。桥梁是公路的重要组成部分，桥梁的建设使车辆和行人的通行更加便捷。桥梁的发展与交通运输需求和交通工具的变革密不可分，交通运输行业的不断发展对桥梁在承载能力、结构布局和跨越能力等方面提出新的要求，也推动了桥梁工程技术的发展。经济社会的发展、科学技术的进步也有力地促进了桥梁建设技术水平的提高，使之更好地适应交通运输的发展要求。改革开放以来，随着经济社会的快速发展，中国交通基础设施建设高速发展，大批公路桥梁先后建设完成并投入运营。随着桥梁服役年限的不断增加，大批桥梁陆续进入养护维修期。桥梁养护工作不仅影响公路功能的发挥，更影响广大人民群众的生命财产安全和公共安全，事关民生安全和人民福祉。因此，公路桥梁的检查和养护工作意义重大，是公路可持续发展的重要保证。桥梁检查工作是维修养护的基础，是桥梁养护决策的重要依据。

一、桥梁检查

桥梁检查分为经常检查、定期检查和特殊检查。经常检查主要指对桥面设施、上部结构、下部结构及附属构造物的技术状况进行的检查；定期检查是对桥梁主体结构及其附属构造物的技术状况进行的全面检查，它为桥梁养护管理系统搜集结构技术状态的动态数据，为评定桥梁使用功能、制订管理养护计划提供基本数据；特殊检查是查清桥梁的病害原因、破损程度、承载能力、抗灾能力，确定桥梁技术状况的工作。

（一）经常性检查

桥梁经常性检查是检测养护体系中的第一步，其作用不言而喻。经常性检查是针对较明显缺陷的检查，主要是对桥区施工作业情况的检查和桥面系、交通标志、限载标志及其他附属设施等的外观情况进行的日常巡检。根据现行技术规范的规定，经常性检查周期为每月至少 1 次，汛期增加检查频率。经常性检查的目的是确保桥梁结构功能的正常发挥，使结构能得到及时的养护和紧急处置，对需要检修的一些大问题进行报告。

经常性检查由桥梁管养单位的桥梁养护工程师负责组织实施，流程如图6-1 所示。

图 6-1　经常性检查实施流程

桥梁养护工程师根据辖区桥梁数量、桥梁技术状况及经常检查频率要求制订日常检查计划；桥梁养护工程师根据检查计划安排检查人员及相应仪器设备，并负责对检查人员进行相关培训；检查人员按照桥梁项目检查表对待检桥梁逐项检查，记录相应缺损，并当场填写公路桥梁经常性检查记录表；桥梁养护工程师根据经常性检查资料定期进行总结，制订保养维修计划，安排定期检查。

经常性检查以目测为主，宜辅以简单仪器。应现场填写"桥梁经常性检查记录表"，登记所检查桥梁的缺损类型、维修工程量，提出相应的养护措施。对严重的病害要详细描述，并留取影像资料。

（二）定期检查

定期检查的目的是为评定桥梁使用功能、制订养护计划提供基本数据，从而对桥梁主体结构及其附属构造物的技术状况进行全面检查，它为桥梁养护管理系统搜集结构技术状态的动态数据。

按规定周期，由实践经验丰富的专职桥梁养护工程师对桥梁主体结构及其附属构造物的技术状况进行全面检查。主要检查各部件的功能是否完善有效，构造是否合理耐用，发现需要大、中修或限制交通的桥梁缺损状况时，同时检查小修保养状况。

定期检查方式以目测观察为主，辅以必要的测量仪器、望远镜、照相机、探查工具和现场用器材等设备，必须接近或进入各部件仔细检查其缺损状况，并在现场完成以下工作：

（1）现场校核桥梁基本数据并填写"桥梁定期检查记录表"，记录各部件缺损状况并做出技术评分。

（2）实地判断缺损原因，确定维修范围及方式。

（3）对难以判断损坏原因和程度的部件，提出特殊检查（专门检验）的要求。

（4）对损坏严重、危及安全运行的危桥，提出暂时限制交通或改建的建议。

（5）根据桥梁的技术状况，确定下次检查时间。

定期检查的时间应符合下列规定：

（1）新建桥梁交付使用 1 年后，进行第一次全面检查。

（2）桥梁检查周期一般为 3 年，可视被检桥梁技术状况每 1～3 年检查一次。

（3）非永久性桥梁每年检查一次。

（4）根据下级桥梁养护工程师报告，如果在经常性检查中发现重要部（构）件缺损状况出现在三、四、五类的桥梁上时，应立即安排一次检查。定期检查工作应按规定程序进行。

桥梁定期检查后应整理并提交检查文件，且应符合下列要求：

（1）桥梁定期检查数据表。当天检查的桥梁现场记录，应在次日整理填写好每座桥梁定期检查数据表。

（2）典型缺损和病害的照片及附录说明。主要说明缺损的部位、类型、性质、范围、数量和程度等，描述应采用专业标准术语。

（3）每座桥梁应有两张总体照片。一张为桥面正面照片，另一张为桥梁上游侧立面照片。桥梁改建后应重新拍照一次。如果桥梁拓宽改造后，上、下游桥梁结构不一致，则还要有下游侧立面照片，并标注清楚。

（4）桥梁清单。

（5）桥梁基本状况卡片。定期检查完成后，应将本次检查的桥梁各部件技术状况评定结果登记在桥梁基本状况卡片内。

（6）提出定期检查报告，应包括下列内容：

①辖区内所有桥梁的保养小修情况。

②需要大、中修或改善的桥梁计划。说明修理的项目、拟用修理方案、估计费用和实施时间。

③需要进行特殊检查的桥梁的报告。说明检验的项目及理由。

④需限制桥梁交通的建议报告。

（三）特殊检查

桥梁特殊检查根据桥梁破损状况和性质，采用适当的仪器设备，以及现场勘探、试验等特殊手段和科学分析方法，查明桥梁病害原因、破损程度和承载能力，确定桥梁的技术状况，形成鉴定结论，以便采取相应的加固、改善措施。

桥梁特殊检查分为应急检查和专门检查。

1.应急检查

在桥梁遭受过洪水、流冰、船舶撞击、滑坡、地震、狂风等灾害之后，应立即对其结构做详细检查，查明破损状况，采取应急措施，尽快恢复交通。

应急检查通常由地（市）级公路管理机构的专职桥梁养护工程师主持。

2.专门检查

在桥梁专门检查过程中，需要对公路桥梁结构部件的质量进行全面检测，了解其性能变化，看是否存在损坏问题，有必要采取相应检查、试验措施并做好相关分析，以了解桥梁性能是否存在问题。比如，在公路桥梁出现坍塌、结构损坏等破坏时重视水毁问题，消除水毁影响。

二、桥梁检测

桥梁作为公路网建设当中的重要组成部分，其整体的通行安全是确保公路路网安全的关键因素之一，因此需加强桥梁工程技术研究。在桥梁工程建设过程中，桥梁的损伤是由多方面因素导致的，具体包括人为因素，自然灾害、行车荷载等方面的因素。随着我国交通量越来越集中，超载车辆也变得越来越集中，其给桥梁造成的损伤也越来越受到公路养护建设者的重视。桥梁一旦出现损伤就需要进行维修、改造或改建，所有的维修、改造与改建都应以桥梁检测为基础。

三、桥梁检测技术分析

（一）桥梁表面性检查

所谓桥梁表面性检查，就是主要检查桥梁局部或者全部的表面，主要包含桥梁的长宽高、混凝土强度等级、混凝土碳化深度以及通过目测桥梁主要结构病害等所观察到的表面性伤痕和数据。而此项检查只是针对没有受到严重损伤、主要结构没有出现重大损害的桥梁。同时桥梁表面性检查也具有检查费用低、方式快捷有效等优点。但如果桥梁存在重大的隐性损伤，那就会影响整个桥梁的使用期限，与此同时因为大多数桥梁表面性检测都是由检查人员根据经验来判断的，所以此检查技术仅适用于修建使用寿命较短、交通运输量小的桥梁。

（二）桥梁承载力检测

桥梁荷载试验是目前测定桥梁实际承载力的主要方法，分为静载试验和动载试验。

1.静载试验检测

通过静载试验，我们可以分析出桥梁在实际运营中的承载能力和状态，为桥梁检测提供依据；桥梁的目前寿命质量和运营荷载等级评定可根据动载试验结果来确定。根据《公路养护技术规范》（JTGH10—2009）相关规定，为桥梁的质量鉴定提供依据，特别是对于采用新工艺、新材料、新结构的桥梁，需要检测其结构的实际承载能力，评价其主体质量。静载检测主要是利用静载的方式对桥梁结构工程的变形量、挠度、应变或者裂缝等相关参数进行检测。一般来讲，在静载检测的过程中，首先要对桥梁的钢材结构进行竖侧两向的挠度检测和扭转变形量的检测，每跨的测试点应该在三个以上。另外，也要对桥梁截面的应力分布情况进行检测，尤其是要根据承载点的应力分布情况对应变状态进行分析。此外，还要检测一下桥梁承载点的位移情况等，对未来会产生或者已经产生的裂缝区域进行全面检测。

2.动载试验检测

动载检测是测试桥梁工程运行状况和桥梁承载力的重要指标，也是检测桥梁工程结构的承受动力荷载的性能指标。如果桥梁结构出现损伤，那么整个桥梁工程结构的强度、刚度等参数也会随之发生变化。基于此原理，我们可以通过构建桥梁工程震动动态模式，为评价桥梁结构损伤提供了重要的量化参数依据，然后与桥梁工程结构稳定阶段的参数进行比较，进一步测定桥梁结构的损伤点、损伤类型和损伤点的扩散情况。

（三）桥梁检测技术的发展

1.准确把握技术发展趋势

现如今，桥梁工程界主要在桥梁的安全性、耐久性和桥梁的使用功能方面面临挑战。由于对桥梁结构的要求和长期使用的性能要求在逐步提高，因此关于桥梁的检测或者监测及其相关的损害判断与分析技术的研究也出现了新的趋势，主要体现在深入化、集成化、标准化和智能化4个方面：①深入化，桥梁结构损伤机理研究将从短期到长期、微观到宏观、单因素到多因素逐步耦合发展；②集成化，无损检测、维修和保养的小型化、专业化和一体化变得越来越重要，在 BIM（建筑信息模型）上，将设计、施工、检测、监测、维护和维修的信息进行集成、融合处理；③标准化，要使检测、监测、维护和质量评定的方法标准化，还要使数据互联互通的信息标准化；④智能化，随着对机理的研究越来越深入，以及云计算、海量数据分析和机器学习等技术的发展，桥梁养护智能化研究备受关注，人们通过智能化技术，能够对桥梁结构的病害进行早期识别。

2.实现重点技术突破

（1）无损伤检测技术

传统的桥梁检测工作，是检测人员在以目测和动静荷载实验为基础的前提下对桥梁损伤进行的多种辅助手段的检测。早在 1990 年，桥梁无损伤检测就伴随着遥感技术和通信技术的日益发展而展现出了朝着智能、快捷、系统化方向发展的势头。尤其是振动实验模态分析技术的研发为桥梁检测开辟了新的发展方向。

（2）无损伤识别技术

①小波损失识别法。通过小波的反射和传导出的特征因子，来判断桥梁结构损伤的部位和程度。②神经网络损伤识别法。神经网络损伤识别法的工作原理是：利用无损伤系统的振动数据所形成的数据网络，使用数学方法来确定出相关参数后，输入数据。如果输入的数据是正确的，那么系统将不会发生任何变化，这证明网络数据与系统数据是一样的。反之，则证明整个桥梁结构存在损伤，需要及时维护。

第三节　桥面的养护与维修

一、桥面铺装层的养护与维修

（一）桥面铺装层的种类及其构造

桥面铺装是车轮直接作用的部分，它主要有以下三个功能：防止车辆轮胎或履带直接磨耗桥面板、保护主梁免受雨水侵蚀、分散车轮的集中荷载。因此，桥面铺装质量直接影响着行车的舒适性、畅通性与安全性，必须认真做好桥面铺装层的日常养护工作。

目前，桥面铺装常用形式主要有沥青混凝土铺装和水泥混凝土铺装。随着科学技术的发展，最近几年还出现了钢纤维混凝土铺装和改性沥青铺装与

SMA（stone mastic asphalt，沥青玛蹄脂碎石混合料）铺装层（如武汉白沙洲长江大桥、武汉军山长江大桥）。

1.沥青铺装层的构造

如图 6-2 所示，从上到下它主要由沥青混凝土、带钢筋网的混凝土保护层等部分组成。

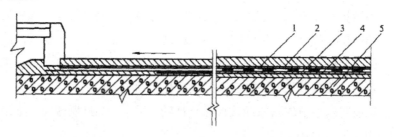

1—沥青混凝土厚 5～8 cm；2—带钢筋网的混凝土保护层厚 3～5 cm；

3—防水层厚 1～2 cm；4—三角形垫层；5—钢筋混凝土桥面板

图 6-2   沥青混凝土桥面铺装

2.水泥混凝土铺装层的构造

如图 6-3 所示，它主要由水泥混凝土、钢筋网、防水层等几部分组成。

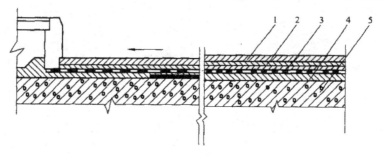

1—水泥混凝土厚 6～8 cm；2—钢筋网；3—防水层厚 1～2 cm；

4—三角形垫层；5—钢筋混凝土桥面板

图 6-3   水泥混凝土桥面铺装

3.钢纤维混凝土铺装层的构造

它主要由钢纤维混凝土、钢筋网、防水层、混凝土整平层等几部分组成。

4.改性沥青与 SMA 铺装层的构造

常用的改性沥青可分为两类：一类是合成橡胶类，另一类是塑性体类。SMA 是一种由沥青、纤维稳定剂、矿粉及少量的细集料组成的沥青玛蹄脂填充间断级配的粗集料骨架间隙而形成的沥青混合料。

以钢桥面铺装为例来说明其构造。如图 6-4 所示，从上到下它主要由铺装层上面层、黏层油、铺装层下面层、黏层油、防水层、黏结层、钢板防锈层等几部分组成。其中最重要的是铺装层、防水层和钢板防锈层。黏层油和黏结层不是独立的层次。

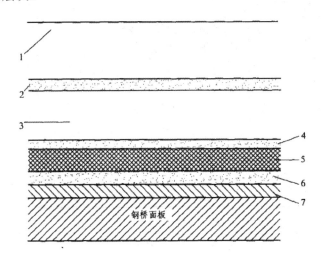

1—铺装层上面层；2，4—黏层油；3—铺装层下面层；5—防水层；

6—黏结层；7—钢板防锈层

图 6-4　钢桥面铺装的组成

（二）桥面铺装层的常见缺陷及成因

桥面铺装层直接承受车轮荷载的作用，经受车轮的撞击，所以易产生各种缺陷。常见缺陷主要有：表面松散、磨耗，露骨，纵、横向出现裂缝，等等。

1.沥青铺装层常见缺陷及成因

沥青铺装层的常见缺陷有沉陷、纵裂、龟裂、车辙、推移、波浪、拥包、收缩裂缝、老化开裂、磨耗、松散、泛油等。其主要缺陷的分类及产生原因见表 6-1。

表 6-1　沥青铺装层常见缺陷分类及产生原因

缺陷分类		主要产生原因及说明
局部裂缝	纵裂、横裂、龟裂	施工不当，基层的裂缝反射
	老化开裂	沥青材质不良
	收缩裂缝	由材料收缩引起的温度应力超过了材料的抗拉强度，为寒冷地区的一种常见缺陷
变形	车辙（推移波浪）	为铺装层的各层在汽车荷载重复作用下进一步压实和沥青层中材料的侧向位移而形成的永久变形。热稳定性差的面层材料，侧移下沉现象严重，即车辙明显
磨耗	磨光剥落松散坑槽	面层混合材料不良，主要是石料抗磨耗性能不好、石料与沥青的黏附力不良、碾压不足等。在雨天时，光滑桥面铺装层上高速行驶的汽车轮胎与地面之间易形成水膜，造成汽车的"水漂"祸害，因此必须注意提高路面的抗滑性能

2.水泥混凝土铺装层常见缺陷及成因

常见缺陷主要有：表面裂缝、表面磨耗、露骨、坑槽等。其中裂缝最为常见。

（1）大面积裂缝

大面积裂缝一般呈均匀分布的龟状细裂缝，通常是在水泥混凝土板铺装过程中，因表面整修收水不当、气温较高、养护不周等，而导致混凝土板表面因失水过快而引起的表面收缩裂缝，这种裂缝一般只深入混凝土表面几毫米，不会随时间延长而发展。

另外，由于混凝土材料具有不稳定性,如采用的材料产生了碱集料反应等,也会引起铺装层大面积开裂，裂缝呈不规则状态，有些会引起翘曲现象等。

（2）局部裂缝

局部裂缝一般分施工时产生的初期裂缝和使用后产生的纵横向裂缝、板角裂缝及结构附近裂缝等几种。

初期裂缝的产生一般是在水泥混凝土硬化过程中，由表面砂浆沉降开裂及早期混凝土塑性收缩而导致的，其长度一般为数厘米到数十厘米。

纵横方向和板角处的裂缝均为贯通裂缝。

3.钢纤维混凝土铺装层常见缺陷及成因

常见缺陷主要有：表面龟裂（网裂、纵裂、横裂）、脱皮或局部破损露骨、表面磨损等。桥面排水不畅对钢纤维混凝土面层的整体性也有影响。

4.改性沥青与 SMA 桥面铺装层常见缺陷及成因

如前所述，改性沥青与 SMA 是桥面铺装层采用的一种新型材料，是为解决沥青混凝土路面的车辙问题而发展起来的。我国大约在 20 世纪末开始将其用作桥面铺装材料，由于使用时间短，至今尚未发现重大缺陷。但值得注意的是，1997 年该材料首次应用于广东省虎门大桥钢桥面铺装时，由于级配不合适等，在 1997 年 7～8 月的夏季高温季节，桥面出现了过大的车辙和横向变形。最近国内其他钢桥也有类似缺陷出现。

（三）桥面铺装层的养护维修

每日应对桥面铺装层进行清扫，桥面不得有污物及过往行人或车辆丢弃的杂物，以保持干净的工作状态。同时还应加强检查与养护，如检查行车道和铺装层下的泄水孔的排水效果，使其保持排水畅通，雨量大时，应注意观察桥面有无积水。

1.沥青铺装层的养护维修

对沥青铺装层，应观察其是否平整，有无跳车现象；是否有龟裂，是否有松散、露骨，即桥面是否呈现出锯齿状的粗糙状态；是否有车辙、推移、波浪等现象。一经发现，应视其病害情况及时进行相应的修补和整治。

（1）裂缝的养护维修

沥青铺装层的裂缝有多种形式，应根据裂缝产生的不同情况采取相应的养护措施。

（2）车辙的养护维修

一般可采用沥青混合料覆盖车辙并加铺沥青混合料薄层罩面的方法。如条件许可，可用加热切割法（使用铣刨机或加热切削整平机）铣刨或切削，然后参照沉陷处理的方法进行车辙部分的维修。

（3）坑槽的养护维修

对于补坑所用沥青混合料，可以采用加热拌和式和常温拌和式两种。常温拌和式材料能够贮藏、袋装，便于搬运以及冬季施工作业；但是常温材料修补桥面坑槽的耐久性一般较差，仅作为临时修补使用。

2.水泥混凝土铺装层的养护维修

对水泥混凝土铺装层，应观察其是否平整、是否有裂缝、是否有露骨等现象。其中，最关键的是要观察其是否有大面积裂缝或局部裂缝（错台）。

（1）板块断裂的维修

当损坏分布全桥面板时，可用多个风镐将旧板凿碎清除，再根据通车期限要求，选用合适的材料浇制板块、抹面、压纹或拉槽，养护灌缝；如为局部损坏，则画线凿除或用锯缝机配合在上口锯除损坏部分（包括边缘松动部分），将接缝处清除干净，必要时还应刷上水泥或其他黏结剂，并立即用适宜的修补材料予以修补，其表面压纹或拉毛尽量与原板块相同。为了提高新旧混凝土结合度，需在接缝处再加耙钉或锚筋。认真恢复其原有纵横缝，必要时应加深其上部锯缝深度。如损坏处布有钢筋，尽可能不要弄断，不得已切断时，经论证分析认为应恢复时，必须接好。

（2）裂缝的修补

①压注灌桩法。对宽度在 0.5 mm 以下的非扩展性的表面裂缝，可采取压注灌浆法。灌注材料为环氧树脂或其他黏结材料。

②扩缝灌浆法。当局部性裂缝的缝口较宽时，可采取扩缝灌浆法。灌注材料为聚合物混凝土或其他新型快硬高强材料。

③条带罩面法。对贯穿全厚层的开裂状裂缝，宜采取条带罩面法进行修补。

④表面龟裂的治理。对于表面裂缝，可把裂缝集中划为一个施工面，将所有裂缝四周松动部分切割成一块深 20 cm 的凹槽，把混凝土碎屑吹刷干净，灌筑早强混凝土，喷洒养护剂并养护到设计强度。

（3）孔洞、坑槽的维修

孔洞、坑槽的形成主要是因为混凝土材料中夹带松木、纸张和泥块等杂物，它们会影响到行车的舒适性。其修补方法如下：

①先将孔洞凿成形状规则的直壁坑槽。

②用钢丝刷清除掉损坏处的尘土、碎屑。

③用压缩空气吹干净。

④用快硬砂浆或早强混凝土进行填补。

⑤喷洒养护剂进行养护。

（4）混凝土铺装层的局部修补

铺装层的边或角的破损可采用局部修补的方法维修。

3.钢纤维混凝土铺装层的养护维修

应经常观察其表面是否平整、是否有龟裂，表面是否脱皮或局部是否破损，表面是否呈平滑状态。还应观察铺装层下的排水效果，一旦铺装层下积水，会影响铺装层本身的使用寿命。

对于钢纤维混凝土桥面，如发现有纵缝、横缝或网缝，要及时修补：对宽度＜0.2 mm 的缝可用环氧树脂胶泥封闭；对宽度≥0.2 mm 的缝可用环氧树脂浆液压力灌浆。

如果钢纤维混凝土桥面局部损坏严重，可将损坏严重的部分凿除后重新铺装；如果严重损坏的面积大，从长远考虑，可将桥面改为改性沥青混凝土桥面。

4.改性沥青混凝土铺装层的养护维修

（1）检查桥面铺装层是否有坑槽、纵裂、横裂、网裂、车辙、松散、不平、磨耗，以及是否有桥头跳车现象等。这些检查一般由目测即可完成。桥面的平整情况则可借助板尺等简单工具进行测量。

检查出桥面铺装层的病害后，应针对不同病害分别采取不同的养护维修措施。

（2）针对因沥青材料性能不良、老化或桥面板本身出现损坏而引起的沥青混凝土桥面铺装层裂缝，可以采取多种养护维修形式。对纵裂、横裂或网裂等形式，可根据裂缝产生的不同原因来采取相应的措施。通常的做法是将已损坏的沥青混凝土凿除，按工艺要求重新铺沥青混凝土。

（3）修补坑槽应仍用改性沥青混凝土。修补作业的具体做法为：

①用切割机垂直切除坑槽四边损坏部分，并将切割下来的松散的残渣清除干净。

②切割完毕后，在坑槽四壁，即在修补范围内涂刷黏结剂。

③摊铺改性沥青混凝土。

④整平、压实修补处。

二、桥面伸缩缝的养护与维修

（一）桥面伸缩缝的种类及构造

1.伸缩缝的常见缺陷

桥面伸缩缝由于设置在梁端构造薄弱部位，直接承受车辆反复荷载的作用，又大多暴露于大自然中，受到各种自然因素的影响，因此可以说是易损坏、难修补的部位，经常发生各种不同程度的缺陷。

伸缩缝的常见缺陷根据采用形式的不同而有所区别，现分述如下：

（1）镀锌铁皮伸缩缝使用多年后均有损坏现象，其形式有：

①软性防水材料如沥青砂或聚氯乙烯胶泥等老化、脱落。

②伸缩缝凹槽填入其他硬物，不能自由变形。

③铸铁皮上压填的铺装层如水泥混凝土或沥青混凝土等断裂、剥离。

④伸缩缝上后铺压填部分发生沉陷，高低不平。

⑤由于墩（台）下沉，出现异常的伸缩，车辆行驶时出现冲击及噪声。

（2）钢板伸缩缝（包括梳型钢板伸缩缝）的常见缺陷有：

①角钢与钢筋混凝土锚固不牢，使钢板松动，在车辆行驶时受到冲击振动，加重破损程度。

②缝内塞进石块或铁夹物，使伸缩缝接头活动异常，不能自由变形。

③排水管发生破坏损伤或被淤泥堵塞。

④表面钢板焊接部位破坏损伤。

⑤梳型钢板伸缩缝在梳齿与承托板的焊接处出现裂缝，更严重者出现剪断现象。

2.伸缩缝产生缺陷的原因

伸缩缝产生缺陷的原因是多方面的，但主要原因有以下几点：

（1）交通量增大，随着重型车辆数量的不断增加，车辆的冲击作用也明显变大，因此设计、施工方面稍有缺陷就容易造成破坏。

（2）设计方面的原因：

①有些桥梁结构，其桥面板的刚度不足，当桥面板受到汽车荷载作用时，因翼板较薄，横向联系较弱，桥面板就会变形过大。

②很多设计是将伸缩装置的锚固件置于桥面铺装层中，与主梁（板）连接的部分很少，这些锚固方法在荷载作用下容易造成开焊、脱落，而且力的分布不容易传递，微小的变形可能演变成大的位移，最终导致混凝土黏结力的失效。

③伸缩量计算不准确，没有考虑到实际温度对伸缩装置的影响等，当伸缩装置本身无法或很难调整初始位移量，以适应安装温度对位移的要求时，选型不当是造成伸缩装置破坏的重要原因。

④设计上未对伸缩装置两侧的后浇混凝土和铺装层材料选择、配合比、密实度和强度提出严格要求或规定。

⑤对于大跨桥、斜桥、弯桥的设计没有形成与一般的梁（板）结构相符合的构造形式和锚固方法。

⑥使用黏结材料、橡胶材料等新形式的伸缩装置，错误地选定构造和材料，且防水、排水设施不完善，由于漏水、溢水，锚固件受腐蚀，梁端和支座侵蚀严重，多成为破坏的原因。

（3）施工方面的原因：

①对桥梁伸缩缝装置施工工艺要求重视程度不够，未能严格按照施工工艺标准和安装工序进行施工。

②锚固件焊接质量不能得到保证，只注意表面，忽视内部质量是否达到标准要求。

③后浇混凝土（或其他填充料）浇筑不密实，达不到设计的强度要求，时常出现蜂窝、空洞等，难以承受车辆荷载的强烈冲击。

④由于赶工期，忽视了伸缩装置的施工质量，甚至不按设计图纸要求施工，是现阶段造成伸缩装置破坏的重要原因之一。

⑤伸缩装置两侧混凝土和沥青混凝土铺装层结合不好，碾压不密实，形成两张皮，容易产生开裂、脱落，最终引起伸缩装置的破坏。

⑥缺乏统一的质量验收标准。

（4）管理维护原因：

①平常未能及时、认真地清扫伸缩装置周围的砂土、杂物，使原设计的伸缩量不能保证。

②原有桥梁逐渐老化，维修不及时，因此破坏不断扩展。

③桥梁超载情况得不到有效控制，特别是在夜间缺乏管理，车辆不按规定行驶，超载车辆自行上桥，也常常影响桥梁伸缩装置的有效性和耐久性。

（二）伸缩缝的养护维修

桥面伸缩缝是最容易遭到破坏而又相对难以加强和修复的部位。小破损如果得不到重视，势必会发展成严重的破坏，进而严重影响交通，甚至会危及行车安全。所以，注意做好经常性的检查、养护等工作，及时进行修补，是非常重要的一项工作。

1.伸缩缝的日常检查

有计划、有组织地做好经常性的检查工作可以尽早地避免因小的损坏而导致的大破坏。日常检查工作主要包括：伸缩缝是否堵塞、挤死、失效；各部分的构件是否完好；锚固连接是否牢固，连接件是否松动；有无局部破损；密封橡胶带是否老化、失去弹性、异常变形或开裂；伸缩缝是否有不正常的响声或异常的伸缩量；伸缩缝各基本单元间隙是否均匀；钢构件是否锈蚀、变形；伸缩缝处是否平整，有无跳车现象；等等。

为便于养护维修，应做好检查记录，建立检查记录档案。

2.伸缩缝的养护

要注意经常对桥面伸缩缝进行养护，使其发挥正常作用。其日常养护工作的主要内容如下：

（1）清除碎石、泥土杂物；拧紧螺栓，并加油保护；修理个别损坏部分等，使其发挥正常作用。若出现损坏或功能失效等现象要及时修理或更换。

（2）早期使用的伸缩缝主要有以下几种类型，应经常检查其使用情况并及时进行更换。

①U形钵铁皮伸缩缝，要防止杂物嵌入，若钵铁皮老化、开裂、断裂，应拆除伸缩缝并用新型伸缩缝进行替换。

②钢板伸缩缝或钢梳齿板伸缩缝，应及时清除梳齿的杂物，拧紧连接螺栓。若钢板变形、螺栓脱落、伸缩不能正常进行，应及时拆除更换。

③橡胶条伸缩缝，若橡胶条老化、脱落，固定角钢变形、松动，则应及时拆除更换。

④板式橡胶伸缩缝，若橡胶板老化、预埋螺栓松脱、伸缩失效则应及时更换。

3.伸缩缝的维修

（1）维修前应查明原因，采用行之有效、与之相适应的修补方法。修补工作要依据缺陷的程度，或部分修补，或部分甚至全部更换。

（2）当钵铁皮伸缩缝软性填料因老化而发生脱落时，在充分扫清原缝泥土后，重新注入新的填缝料。当铺装层遭到破坏时，要凿除，并重新铺筑。凿除破损部位要画线切割（或竖凿），清扫旧料后再铺筑新面层。当采用混凝土浇筑时，要采用快硬水泥，并注意新旧接缝要保持平整，对铺筑部分要进行初期养护。

（3）对于钢板伸缩缝，当钢板与角钢焊接破裂时，应清除垢秽后重新焊牢；当梳齿断裂或出现裂缝后，也要采取焊接方法进行修补。排水沟堵塞后应及时予以清除。

（4）桥面伸缩缝的修补或更换工作大都不会阻断交通。因此，通常可考虑限制车辆通行，半边施工、半边通行车辆；或白天使用盖板，夜间施工时禁止通行；或白天使用盖板，夜间限制车辆通行。总之，均要注意抓紧时间，尽量缩短工期，且保证修补质量。

（5）更换伸缩缝时要选用合理的类型，以适应桥跨结构由于温度变化，混凝土由于收缩、徐变等引起的变形，使行车平稳、不漏水。对于中小跨径桥梁，当位移量小于 80 mm 时，可选用浅埋式单缘型钢伸缩缝或弹塑体伸缩缝；当位移小于 50 mm 时，可选用弹塑体填充式伸缩缝；对于大位移量桥跨结构，可选用结构性能好的大位移组合伸缩缝（如毛勒伸缩缝）。

三、桥面排水设施的养护维修

（一）桥面排水设施的设置概况及要求

为了迅速排除桥面积水，防止雨水滞留在桥面并渗入梁体而影响桥梁结构的耐久性，需要在桥梁上设置一套完整的排水系统，并经常进行养护维修，使其处于正常状态。

桥面排水设施主要包括桥面纵横坡和一定数量的泄水管等。

通常当桥面纵坡大于 2%而桥长小于 50 m 时,一般能保证雨水从桥头引道上排出,桥上就可以不设泄水管。此时,可在引道两侧设置流水槽,以免雨水冲刷引道路基。

当桥面纵坡大于 2%而桥长大于 50 m 时,为防止雨水积滞,桥面就需要设置泄水管,每隔桥长 12～15 m 设置 1 个。

当桥面纵坡小于 2%时,泄水管就需要设置得更密一些,一般每隔桥长 6～8 m 设置一个。泄水管的过水面积通常按每平方米桥面上不少于 2～3 cm^2 来布置。泄水管可沿车行道两侧呈左右对称排列,也可交错排列。泄水管离缘石的距离为 10～50 cm。

桥梁上常用的泄水管有竖向泄水管道、横向泄水管道和封闭式泄水管道等。制造泄水管道的材料一般为铸铁、钢、钢筋混凝土以及塑料等。当桥长较短时,纵向排水管的出水口,可以设在桥梁两端的桥台处;对于长大桥,除了在桥台处设置出水口,还需在某些桥墩处布置出水口,并利用竖向管道将水引到地面。纵向排水管道一般可设在箱梁中或梁肋内侧;竖向排水管道应尽可能布置在墩(台)壁的预留槽中,或布置在桥墩(台)内部预留的孔道中。

(二)桥面排水设施的常见缺陷及其养护维修

桥面是供车辆行驶的部位,当桥面因排水不畅或排水设施破坏而形成障碍时,应尽快进行处理,以保证车辆的正常通行。

桥面排水设施的常见缺陷有:桥面积水管、泄水管堵塞,泄水管被截断导致水流方向改变,等等。对于钢筋混凝土桥梁,桥面积水将使雨水渗入混凝土的细小裂纹中,会使混凝土产生破坏而缩短使用寿命,同时水分还会使钢筋锈蚀;对于钢桥,桥面积水将会加速对梁体表面的侵蚀,使钢梁表面锈蚀。

1.排水设施的检查

应经常检查桥面是否有坑槽,是否有积水。泄水管是桥面排水的重要设施,应经常检查泄水管是否完好、畅通;泄水管的盖板是否损坏、丢失,管口是否被杂草或石块堵塞;管体有无脱落,管口处有无杂物堆积,出水口是否畅通;桥头排水功能是否完好;等等。

2.排水设施的养护

(1)桥面要经常清扫,以保持整洁。桥面不得出现凹凸不平的坑槽,如发现桥面有坑槽,应及时进行修补,避免积水。

(2)应及时清除泄水管盖板上的杂物,避免杂物掉入管内堵塞管道而影响排水。

(3)若发现泄水管出水口处有杂物堆积,应及时清除掉。

(4)泄水管应经常进行疏通。

(5)当发现泄水管损坏时要及时修补,接头已经掉落的要重新安装接上,损坏严重的要予以更换。

四、栏杆及防撞护栏的养护维修

(一)栏杆及防撞护栏的设置概况与要求

桥梁的栏杆或护栏是桥梁上的一种安全设施,除了浸水桥或与路基同宽的小桥涵,公路与城市公路的桥梁上均需设置栏杆或护栏。栏杆给行人和车辆以视觉上的安全感,可以保障行人的安全,但不能抵挡机动车辆的冲撞;护栏则既能保障行人的安全,又能抵挡车辆的冲撞,使车辆不致冲出桥外。护栏适用于高速公路或汽车专用公路上的桥梁,它应具有一定的强度,坚实而牢固。不过从行人安全角度来讲,采用具有柔性而又牢固的护栏更为理想。

1.桥面栏杆的设置

桥梁的栏杆作为一种安全防护设施，是桥梁上部结构一个不可缺少的组成部分。同时，从艺术角度来看，栏杆又是美化桥梁的一种艺术装饰品。栏杆为人们所直接接触，当一座桥梁的栏杆是美观、新颖、完好无缺的，并能体现民族风格和时代特色时，桥梁将会更加完美，同时交通的安全感和舒适感也得到了提高。

公路上的钢筋混凝土梁式桥上所采用的多为钢筋混凝土装配式栏杆，最简单的栏杆由栏杆柱和扶手组成。复杂的栏杆则在栏杆柱和扶手之间再设置有一定艺术造型的花板。

在城市桥梁或市政桥梁上，为便于行人在夜间通行，还往往在栏杆柱上（或人行道内侧）设立灯柱。灯柱通常由钢筋混凝土制成，亦可用钢管制成。

对于一些重要的城市桥梁或特大桥梁，有时也采用金属栏杆，由于金属栏杆易于制成各种图案和铸成富有艺术性的花板，因此可设计得更富有艺术性。但由于金属栏杆要花费较大数量的金属材料且要经常进行油漆养护，故一般只在特殊情况下使用。

2.防撞护栏的设置

一般情况下，桥梁的外侧危险程度明显高于公路。车辆越出桥会造成车毁人亡的重大恶性事故，等级越高的公路，其车速越高，车辆越出桥的事故严重程度越大。因此，对于高速公路、一级公路等高等级公路上的特大桥、大桥和中桥，均应无条件地设置桥梁护栏。一般公路的特大、大、中桥在条件许可的情况下也应设置桥梁护栏。

高速公路、一级公路上的小桥、涵洞，由于跨径较短，所设桥梁护栏本身不能满足护栏最短长度的规定要求，如与两头路线上的护栏形式不一，破坏了护栏整体的连续性，既不协调又不美观，因而在不降低桥涵区段安全性的前提下，小桥、涵洞的护栏可按路段护栏的要求设置。

在有人行道的桥梁上，虽然路缘起到了防止车辆跌落桥下的作用，但难免会有车辆碰撞行人和非机动车辆的严重事故发生。因此，为保护行人和非机动车辆，同时把机动车和非机动车在平面上分隔开，提高车辆与行人的安全性，应按实际需要在人行道和行车道分界处设汽车行人分隔护栏。

每一防撞等级的桥梁护栏应避免在相应设计条件下的失控车辆越出。在选择桥梁护栏时，首先应确定其防撞等级，然后再进行构造形式的选择，而构造形式的选择又需要综合考虑公路等级、桥梁护栏外侧危险物的特征、美观性和经济性、养护维修等因素。

（二）栏杆及防撞护栏常见缺陷和损伤

桥梁的栏杆及防撞护栏都是桥面上的安全防护设施，常年暴露在自然环境中，加之受人为作用或车辆的撞击作用，容易出现各种各样的缺陷或损伤。其中，常见的缺陷主要有以下几种：

（1）撞坏。多数是在交通事故中由车辆冲撞所致，也有的是在车辆运输超宽物件时不慎被碰坏导致的等。

（2）缺损。缺乏养护管理，被人偷拆，或者金属、木料栏杆遭到锈蚀、腐烂破坏，造成个别部件缺损。

（3）裂缝。钢筋混凝土栏杆长期外露，混凝土表面常因水分浸入、钢筋锈胀而使构件产生裂缝，混凝土保护层出现损坏、剥离、脱落等现象。

（4）变形过大。金属栏杆或护栏的部件虽未出现破坏或缺损，但变形过大，如立柱局部变形、钢质波形板变形过大等。

（5）腐蚀。金属栏杆或护栏，一旦油漆脱落而又长期未被重新涂刷，将会受到自然环境的侵蚀。

（三）具体的养护维修措施

为了保证行人和车辆的安全，栏杆、护栏必须始终处于完好的状态，如有撞坏、缺损、裂纹、变形或腐蚀，应迅速采取相应的措施进行修复。

桥梁的栏杆、护栏损坏虽然不妨碍交通，但会丑化桥容，影响交通安全。

因此，要及时修理损坏的桥梁栏杆，同时，也要加强平时对栏杆的养护工作，使桥梁栏杆经常保持完好状态。如已撞坏，要及时重新安装；如有缺损，应及时补齐；如发现钢筋混凝土栏杆出现裂缝等，轻者可用环氧树脂黏结材料灌注封缝修补，严重者要凿除损坏部分，重新修补完整；金属栏杆要经常刷漆养护，如发现油漆有麻点、脱皮，应重新刷漆；桥头端柱和导向柱的油漆要鲜明，以起到导向和允许通车或暂停通车的作用。

五、桥面照明系统的养护维修

（一）桥面照明的技术要求

桥梁照明应属公路照明系统，照明设施应做到维修方便、照明度适当，灯具需美观大方，使行车安全舒适，景观悦目。

特大型桥梁的照明要进行专门设计，既要满足照明功能要求，又要顾及艺术效果，做到和大桥的风格相协调。

大、中型桥梁的照明应与其连接的公路一致，若桥面的宽度小于与其连接的公路的路面宽度，则桥的栏杆、人行道缘石要有足够的亮度，在桥的入口处应设灯光照明或反光标志，以保证行车安全。

桥梁照明要限制眩光：一是避免给正在桥头引道上或与桥位相邻的公路上的行车者造成眩光；二是当桥下有船只通航时，避免给船上的领航员造成眩光。为此，必要时应采用严格控光灯具，有时在灯具内装上专用的挡光板或格栅。

桥面照明方式主要采用灯杆照明，有时也有栏杆照明。

桥面照明的技术指标通常是亮度、照度、眩光限制和诱导性四项指标。其中亮度、照度、眩光都与光通量、发光强度有关。

（二）保证桥面照明完好的重要性

桥面照明是桥梁工程中的重要组成部分之一，照明条件的好坏，直接影响夜间桥面的行车速度及交通事故潜在发生率。

桥面设置照明的主要目的是使车辆在不使用前大灯的条件下，也能够看清前方桥面（或公路路面）形状、周围交通情况，并能够及时认清前方障碍及各类标志等。因此，良好的照明条件不仅可以提高行车速度，提高桥面的利用率，而且还可以减轻或消除驾驶员的紧张与不安的情绪。对于城市桥梁，除了考虑行车安全需要而设置的正常照明，还需要设置供夜间观赏的立面照明。这种照明会产生较强的艺术效果，所以显得尤为重要。

（三）桥梁照明系统的养护维修

桥面照明系统在桥面系统中处于非常重要的位置，所以必须对其进行检查、养护及必要的维修。

检查是养护和维修的重要依据。所以，检查工作要形成制度，由专人认真执行，并做好检查记录，记录要有专用的格式。通常，检查可分为日常检查、定期检查和特殊检查：日常检查主要是对照明系统的状况等进行日常的巡视检查，便于及时发现问题并进行小修保养；定期检查主要是采用仪器设备对桥面照明系统的技术状况每隔一段时间就进行一次较详细的检查工作；特殊检查是指桥面照明系统遭受自然灾害的损坏或在定期检查中难以判明原因时所进行的检查。照明系统的检查主要包括以下几个方面：照明系统设施是否完好并处于正常工作状态；电压是否稳定；灯光亮度及照明效果是否正常；特殊部位、相关场所的平均亮度，照明的色显、照度等是否正常；配电房内的变压器、配电盘及开关的工作状态是否正常等。为了使桥面照明系统能正常工作，必须保证桥面所有照明设施处于良好状态，如有损坏或不正常状况应及时进行维修和更换，确保夜间桥上行车的安全性。

当照明灯泡损坏时，应及时更换；灯柱锈蚀时应及时除锈；灯柱残缺不齐时应补齐；金属灯柱的镀铸层有脱落时，应及时补镀；标志不正或脱落时应扶正并固定或重新更换，照明线路因老化而断路或短路时应及时更换。

六、桥上交通标志和标线的养护维修

桥梁是公路的重要组成部分，所以桥上交通标志和标线属于公路交通标志标线的范畴。桥上交通标志和标线是桥上交通使用的说明书，是一种无声的语言，是保证行车畅通、有序、安全的重要设施，同时还是桥面的装饰工程、形象工程和美化工程。

交通标志是用图案、符号或文字对通过桥梁的行人和驾驶员（连同车辆）等交通参与者，进行指示、导向、警告、控制和限定的一种交通管理设施，能够使这些交通参与者获得确切的交通情报，从而达到交通的安全、迅速、低公害与节约能源的目的。

交通标线是由颜色不同、种类不同的路面（包括桥面）标线、箭头、文字、立面标记、突起路标和道桥边线轮廓标等所构成的交通安全设施，其主要作用是管制和引导交通，因此又被称为交通安全控制设施。

交通标线可以和交通标志配合使用，也可以单独使用，其具有法律的性质，在交通管理中占有重要的地位。

交通标志和标线是依据交通法规及国家有关标准制定的，是交通法规的具体体现，具有非常重要的作用。为确保标志和标线的正确性，必须经常对其进行检查，检查所有标志是否齐全完好，所有标线是否清晰。巡视检查人员若在检查中发现标志、标线遭到损坏或污染，应记录下来并及时反映给桥梁管理有关部门或有关领导。

只有全面了解标志、标线的现状，才能采取有效的措施进行养护与维修。为此，桥上交通标志和标线要经常保持明显、清晰，确保行车安全。标志牌架要保持清洁，做好油漆防腐工作，保证设施完好、结构安全。当交通条件有变化时应进行相应的变更和增补。标线应结合日常养护经常清扫或冲洗。当发现因剥落、污染、磨损而影响识别性能的标线占该路段中总标线的一半以上时，应进行重画；对于局部损坏的则进行修补，同时要注意避免与原标线错位。

第四节　桥梁支座的养护与维修

一、桥梁支座的种类及养护维修的必要性

桥梁支座类型很多，通常根据支座反力、跨度大小、建筑高度以及设计位移量来选择支座类型。常用的桥梁支座有：弧形支座、垫层式支座、平板式支座、摇轴支座、铰式固定支座以及辊轴支座等。目前，随着我国铁路发展水平的提高，中国已经成功跻身于桥梁大国的行列。但是随之也出现了许多问题：①因桥梁所承受荷载不断增加，对桥梁支座的承载力要求也随之提高，桥梁支座产生病害的概率也随之增大；②建筑市场不太规范，私自简化检修养护步骤，重建设、轻维护现象相对严重；③部分桥梁存在边勘测、边设计、边施工的问题。因此，加强桥梁支座的日常养护维修显得格外重要。

二、桥梁支座常见的缺陷和病害

（一）铸钢支座缺陷类型

铸钢支座缺陷类型包括支座上下错位过大，钢部件损伤，支座锚固件及定位件失效，活动支座无法活动、位移超限和转角超限，支承垫石部位缺陷，

等等。

支座上下错位过大，有倾倒脱落的危险。

钢部件损伤包括铸钢件及锻钢件裂损、脱焊、锈蚀及支座钢件磨损和发生塑性变形。

支座锚固件及定位件失效包括销钉剪断、支座锚（螺）栓松动及剪断、牙板挤死与折断、辊轴连杆螺栓剪断等。

活动支座无法活动、位移超限和转角超限等缺陷，通常是由设计不当造成的，通常会引起锚栓剪断和摇轴或削扁辊轴倾斜度超差不能恢复等损伤。

支承垫石部位缺陷包括支承垫石不平、翻浆、积水和开裂等，应采取措施及时修补。

（二）板式橡胶支座缺陷类型

板式橡胶支座性能劣化类型包括橡胶老化开裂、钢板外露、不均匀鼓凸与脱胶、脱空等。

橡胶老化开裂是指板式橡胶支座表面形成龟裂裂纹。一般板式橡胶支座经过一定使用年限后均会出现表面的龟裂裂纹，但裂纹宽度及深度均不大。

钢板外露是指因橡胶龟裂或支座制作不佳而导致板式橡胶支座内部钢板裸露。

不均匀鼓凸与脱胶发生在橡胶与钢板间的黏结被破坏时。通常板式橡胶支座在荷载作用下，钢板之间的橡胶向外发生均匀的凸起属正常现象。当橡胶与支座内加劲钢板黏结不良时，在荷载作用下，钢板与橡胶脱胶，从而引起不均匀的鼓凸。

脱空是指板式橡胶支座与桥梁底面及支承垫石顶面之间出现的缝隙大于相应边长的 25%。在使用板式橡胶支座时，应通过转动计算，使支座顶、底面与桥梁全面积接触。一方面，局部脱空会造成支座压应力增加，另一方面，支座脱空部位与外界空气接触，容易使橡胶老化。

（三）盆式橡胶支座缺陷类型

盆式橡胶支座缺陷类型包括钢件裂纹和变形、钢件脱焊、聚四氟乙烯板磨损、支座位移超限等。

钢件裂纹和变形是指盆式橡胶支座的钢件中出现肉眼可见的裂纹，以及支座钢板在荷载作用下发生翘曲。

钢件脱焊是指支座焊接件及不锈钢板与基层钢板之间的焊缝脱焊。

聚四氟乙烯板磨损指盆式橡胶支座中由于聚四氟乙烯板和不锈钢滑板之间平面滑动所产生的磨损。磨损程度用聚四氟乙烯板的外露高度来表示。

支座位移超限是指由于设计及安装不当造成支座聚四氟乙烯板滑出不锈钢板板面范围。

三、桥梁支座的养护维修

（一）桥梁支座检查

桥梁支座的正常使用与日常的养护维修和性能检验分不开。支座一般可每半年检查一次，并应检查支座附近梁体有无裂缝。支座检查可借助检查小车进行，或修建专用检查梯。

支座检查主要检查支座功能是否完好，组件是否完整、清洁，有无老化、变形、锈蚀、断裂、错位和脱空现象。上、下座板与梁身和支座垫石之间是否紧密贴合，有无三条腿等不正常现象；支承垫石是否完好，是否有积水或尘埃。对柔性墩上的固定支座要观测其有无变形；活动支座要检查其是否灵活，实际位移量是否正常，变位方向是否与温度变化相符，倾斜度是否在容许限度内，有无限位装置，等等。各类支座还应重点检查以下内容：

（1）平板橡胶支座应重点检查橡胶支座是否老化、变形；有无不正常的剪切外鼓变形；支座与梁身、支承垫石间是否紧密贴合。四氟板式支座是否脏污、老化；钢板滑动支座是否干涩、锈蚀。

（2）盆式支座的固定螺栓有无剪断，螺母是否松动，电焊是否开裂，四氟板位置是否正常。

（3）对于辊轴（或摇轴）支座和弧形支座，应定期测量其位移值和梁温，不允许其位移值超过容许值。当发现弧形支座位移超过限值或固定支座不固定时，应起顶梁身来检查活动支座销子有无异常、固定支座安装是否符合标准。测量辊轴（或摇轴）支座位移应安装位移指示标（尺）并检查辊轴有无变形、磨损。对使用年限长、铺设无缝线路、位于长大坡道及曲线上的桥梁，应认真检查其上、下锚栓（特别是弧形支座）有无弯曲、断裂现象，如有剪断，还应检查墩（台）有无变位。

（4）混凝土支座有无剥落、露筋、锈蚀、碎裂等。

（二）桥梁支座的养护

1.养护的一般要求

（1）支座各部应保持完整、清洁，位置正确，活动支座伸缩与转动正常。每半年一清扫，清除支座周围的垃圾杂物，保证支座正常工作。

（2）橡胶支座应经常清扫，排除墩帽积水，要防止橡胶支座接触油脂，防止支座因橡胶老化、变质而失去作用。

（3）支座与梁底、支座与砂浆垫层之间的接触面应平整。梁体位移及转角应不受阻碍。支座垫板与锚螺栓应紧密接触，并不得有锈蚀。支座垫层上如有积水，应立即清除。

（4）支座或支座组件如有缺陷或产生故障而不能正常工作时应及时进行修整或更换。

（5）梁支点承压不均匀、板式橡胶支座出现脱空或过大压缩变形时应予以调整，板式橡胶支座发生过大剪切变形、老化、开裂等现象时应及时进行更换。应及时处理支承垫石空洞、不密实缺陷。

（6）对盆式橡胶支座应设置防尘罩，防止尘埃落入或雨雪渗入支座内。支座外露部分应定期涂红丹防锈漆进行保护。防尘罩应经常进行清洁和防蚀处理，防止橡胶因老化变质而失去弹性。

2.盆式橡胶支座的养护

盆式橡胶支座在使用期间应每年定期进行一次检查及养护，主要应进行以下养护工作：

（1）检查支座锚栓有无剪断，支座橡胶密封圈有无龟裂和老化。

（2）检查支座相对位移是否均匀，并逐个检查支座位移量。

（3）清除支座附近的杂物及灰尘，并用棉丝仔细擦净不锈钢滑板表面的灰尘。

（4）松动锚栓螺母，清洗上油，以免螺母锈死。

（5）定期对支座钢件进行油漆防锈，不锈钢滑动面除外。

（6）校核并定点检查支座高度变化，以便校核支座内聚四氟乙烯板的磨耗情况，当支座高度变化超过 3 mm 时，应考虑是否需要更换聚四氟乙烯板。

盆式橡胶支座养护质量要求：

（1）梁底支承部位平整、水平，支承部位相对水平偏差不大于 0.5 mm。

（2）桥墩支承垫石顶面平整，其相对允差为 1 mm；支承垫石顶面高程准确，其允差为 0～-4 mm，相邻墩（台）上支承垫石顶面相对高差不大于 3 mm。

（3）支座与支承垫石顶面应紧密接触，局部缝隙不得超过 0.5 mm。

（4）恒载剪切变形角 $\tan\alpha \leqslant 0.45$，最大剪切变形角 $\tan\alpha \leqslant 0.7$。

（三）支座常见病害诊治方法

1.小跨度钢筋混凝土板梁横向移动的整治

跨度小于 6 m 的钢筋混凝土板梁，由于梁体重量轻，支座又均系沥青麻布或石棉垫，因而受列车的冲击和振动易发生横向移动。对该种梁，除顶起移正梁身外，均应在墩（台）顶上靠板梁侧埋设角钢或加筑挡墙。

　　2.支座上、下锚栓折断、弯曲、锈死的整治

　　T 锚栓：在支座底板旁斜向凿去部分混凝土，取出旧锚栓，更换新锚栓，如锚栓被剪断而埋置于垫石内的栓杆仍牢固，也可采用清除剪断的锚栓上部以电焊接上一段新栓的方法来处理。

　　上锚栓：①可将支座上摆与混凝土梁底镶角板焊起来（当镶角板与梁体为整体时），例如每个支座用 2 根 200 mm 长，∠60×40×8 L 的不等边角钢，沿梁长方向将角钢短肢焊在梁底镶角板上，长肢焊在支座上摆上。②用夹板加固法。每个支座用 2 块 480 mm×70 mm×20 mm 的钢板，以 2 根直径为 20 mm 的螺栓将其置于支座上摆两侧夹紧于梁体上（如支座与梁梗不等宽，则钢夹板与支座间加填板并与钢板焊牢），并在夹板中间钻孔做丝扣，用顶丝顶紧在支座上摆上，使夹板与支座上摆连成一体。

　　3.支承垫石裂损、梁体有"三条腿"、个别支座出现明显悬空，以及因线路大修需抬高梁体的整治

　　（1）采用压力灌浆。适用于抬高量小于 30 mm 者，抬高量很小时，也可采用灌铅法。

　　（2）支座下捣垫半干硬性水泥砂浆，适用于抬高量在 30～100 mm 之内者。

　　（3）垫入铸钢板，适用于抬高量在 50～300 mm 之内者。

　　（4）就地灌注钢筋混凝土垫块，或更换钢筋混凝土顶帽。适用于抬高量在 200 mm 以上者。

　　实践经验证明，在支座下捣填半干硬砂浆（也可用环氧树脂配制的砂浆）的办法效果好，并且有使用工具简单、短期内就能恢复正常行车的优点。

　　支座下捣垫半硬性砂浆操作方法：

　　（1）凿毛。①将支座与梁临时连接，用千斤顶架空梁身，比实际需要高程高出 1～2 mm；②在支座四周 200 mm 范围内，将支承垫石支承面凿毛，凿毛应用风镐，使用多种形式钎头进行；③先凿外侧一半并垫实，再凿内侧一半，全部凿毕用水冲洗干净，临时垫以硬木头，四周顶死才允许放行车辆，并指定专人检查。

（2）捣垫砂浆（现多采用环氧树脂水泥砂浆代替半干硬性砂浆）。①砂浆质量配合比，水泥比为 1：1～1：2，水灰比为 1：4～1：5，拌和砂浆稠度以手捏成团而不松散、不湿手为宜；②捣垫前支座的三面必须牢固地用模壳封妥，用水湿润凿毛面；③刷水泥浆一遍；④分次填入砂浆用镐捣实，手工操作每次厚度约为 50 mm，捣固必须认真，以保证强度要求；⑤捣固完毕，将捣固的一面用模壳固封（一般用螺栓对拉或加撑头）才能开通桥梁；⑥一般捣垫砂浆以不高于 100 mm 为宜，如需超过，可分两层两次捣固。如一次捣垫在 100～200 mm，则必须经过养生，等砂浆达到一定强度，才能使其受力；⑦捣垫完毕，其四周应用水灰比为 0.3～0.35 的砂浆锤制流水坡，坡度为 1：1.5，靠支座边，其高度应比支座略低 1～2 mm，以利排水。

（3）养生。锤制流水坡后 1～2 h，用湿草袋覆盖，保持湿润 7 天。

4.支座陷槽、积水、翻浆、流锈病害的整治

应使支座底板略高出墩（台）支承垫石，并采用细凿垫石排水坡的办法，结合支座下垫沥青麻布或胶皮板进行处理，能取得一定效果。

具体细凿方法是：先在离垫石外缘 20 mm 处开始向中心推进（防止损坏边缘），最后将周边的窄条敲下来，稍加修凿即成。细凿完成后用废砂轮打磨光滑。另一种做法是先在垫石四边（桥台为三边）的外侧打上要凿去的线条，用扁凿对准线条朝里敲打，其余方法同前。在细凿过程中，如发现有局部麻坑不平或边缘缺损等，可用环氧树脂砂浆弥补，凝固后一并用旧砂轮打磨平整。

要防止挡砟墙上的水流到桥台，必要时挡砟墙与支座垫石间要凿小槽排水，防止支座底板下面进水。

5.支座位置不正、滑行或歪斜，超过容许限度的整治

应用千斤顶起顶梁身并进行适当的修理或矫正，或移正梁身后重新安装支座。起顶梁身所用千斤顶的数量和能力，应根据梁和桥面的重量来确定，为了保证施工安全，其起重能力必须为荷载的 50%～100%；钢桁梁和钢板梁一般均预留的有放千斤顶的位置。在墩（台）顶的排水坡面安放千斤顶，一般不必顾虑滑移问题，只要用硬木垫平并有足够的安全承压面积即可。但要注意千斤顶位置不要妨碍矫正支座工作的顺利进行。

钢筋混凝土梁和预应力钢筋混凝土梁可将千斤顶放在支座附近的梁下。如梁下净空不够安放千斤顶，可以凿低一部分顶帽混凝土以便安放千斤顶，或在桥孔内搭枕木垛支承千斤顶。对于双片钢筋混凝土梁也可以用钢轨做成 V 形扁担放在梁下用两个千斤顶将梁抬起；如经过检算认为可以，也可以将千斤顶安在端横隔板下。

旧式板梁的端横梁下面无起顶横梁时，也可用临时木撑顶紧后起顶。起顶钢梁也可采用这种方法，但这种方法在桥梁重量较大时，顶起后移动钢梁或底板施工较复杂，仅在不得已时采用。

起顶连续梁处理支座病害时，应同时起顶本联内的全部支座，并事先计算各支点的反力，用带压力表的油压千斤顶进行计量，要防止因起顶梁身造成支点高程与设计不符，改变梁跨各杆件受力，从而发生裂纹或损坏。

总之，起顶梁身时要视梁跨结构形式、墩身及周围具体情况的不同选用比较合理的施工方法。在起落过程中，为了保证安全，防止千斤顶发生故障以及千斤顶放松时结构受到突然的冲击，必须有保险木垛，并一路调整木垛上的模子使其顶面与梁底保持不超过 5 mm 的空隙。

利用拉紧框架或弹簧整正支座辊轴的方法可以免除起顶梁身的麻烦。框架由两个角钢和两端带丝扣及螺帽的拉杆组成，整正时，把一个角钢支承在支座底板上，另一角钢紧贴住辊轴的连接角钢上，上紧拉杆螺栓，利用列车通过时辊轴的滚动及时拧紧拉杆，使列车通过后辊轴不能返回原位，这样经数次整正，就能把辊轴调整过来。

用千斤顶横向顶住辊轴来移正位置，千斤顶一端支承在固定支座或挡砟墙上，在千斤顶和辊轴间垫上弹簧，把弹簧顶紧，利用列车通过时辊轴的滚动来顶动辊轴，再适当上紧千斤顶，经过多次整正也可以把辊轴顶回原来位置。

6.摇轴或辊轴活动支座倾斜超限的整治

造成辊轴或摇轴活动支座倾斜超限的原因多为施工安装不正确或墩（台）有位移等。整治的办法是起顶梁身，按照当时钢梁温度计算的位移量矫正摇轴或辊轴的倾斜度，移动底板，重新锚固锚栓。

大跨度钢梁的辊轴支座，由于笨重，移动底板重新锚栓施工困难，且工作量大，故当矫正量不大时，可用带有异形牙板（防爬齿）的辊轴更换有正常牙板的辊轴，而不再移动底板重新锚固锚栓。带有异形牙板的辊轴可根据矫正支座倾斜超限的具体需要来设计，使整正后的辊轴倾斜符合计算要求。这样整正后，下摆中心线虽然不会与底板中心线一致，但能使辊轴倾斜正常，保证安全。

第五节　悬吊及斜拉系统的养护与维修

一、悬吊系统的养护与维修

（一）日常养护与维修

（1）悬索桥梁体和索塔部分的养护，视其结构类型可按钢筋混凝土桥及钢桥的相关规定进行。

（2）主缆各索股的受力应保持均匀，经检查若个别索股受力出现明显偏差、松弛或挤紧，应通过索端拉杆螺栓进行调整。

（3）防止主缆索股的锚头、锚杆、裸露索股、分索器、散索鞍等锈蚀，涂装防锈油漆的部分应定期涂刷，涂抹黄油的部分应定期更换黄油，发现剥落、锈蚀应及时处理。

（4）主缆索的防护层如有开裂、剥落，应尽快修复，必要时可切开防护层来检查主缆是否锈蚀并进行相应处理，处理完毕后应及时修复。采用涂敷黄油防锈并用简易包裹做防护层的，应定期更换黄油及防护层，并使其保持完好状态。

（5）网格式悬索桥，拉索应保持正常的工作状态，若发现松弛，可调整端头拉杆螺母使其复位。

（6）索鞍应经常清扫，防止尘土杂物堆积、积水（雪）及锈蚀。索鞍的副轴或滑板应保持正常工作状态。

（7）锚室及封闭的索鞍罩内应保持干燥。有除湿设备的应保持设备正常工作，及时检修出现的故障。

（8）索夹、索鞍、吊杆等的紧固螺栓应保持其原设计受力状态，视其工作情况，每半年至两年定期紧固，若发现松动应及时紧固。

（9）若吊杆有明显摆动、倾斜或检查发现其受力变化，应查明原因。若索夹松动，应使其复位并紧固锚栓；若拉杆螺栓松动，应予以拧紧；若吊索锚头出现松动，应予以更换。吊杆复位后应进行索力检测。

（10）吊杆的保护套、止水密封圈、防雨罩等应保持完好，若发现老化、开裂、破损要及时修补、更换。

（11）吊杆的减震装置要保持正常工作状态，发现异常或失效要及时检修。

（12）未进行衬砌的岩石锚室或锚洞，若出现表面裂纹，应用环氧树脂砂浆或钢丝网水泥砂浆进行处理。

（二）主缆系统的养护与维修

1.主缆系统涂膜养护维修的主要技术依据

（1）主缆本身由高强度镀锌碳素钢组成，含碳量在 0.75%～0.85%；鞍座和锚固构件多为碳素结构钢和合金结构钢铸造件或锻造件，含碳量多在 0.35%～0.45%以上，有的经过了机械加工和调质处理。这些构件均为抗腐蚀能力较差的构件。这些构件为保证使用寿命，除主缆钢丝在出厂前采用了热镀锌外，在安装过程和成桥后，均采用了涂层防护。涂装工艺大多采用重防腐系统，涂膜寿命在 10～15 年以上。一般 5 年以下不需维修，在 5～10 年以内只需小修小补的局部维修，10～15 年及 15 年以上可能需要大范围维修或重涂。

（2）涂装维修主管技术人员要熟悉本桥主缆系统各构件的涂层结构、材料性质和要求，各构件的涂层施工工艺和涂层检查方法内容和维护周期，以及钢构件锈蚀等级、涂膜劣化等级及评定方法，成品检查和质量评定标准，等等。

（3）施工成员要熟悉涂料一般性操作规定和材料保管、使用和配合要求，以及本桥不同构件的施工工艺和质量要求。

（4）涂膜维护过程究竟是小修小补局部维护，还是大面积维修或重涂，除考虑涂层产品的寿命期外，主要根据涂膜检查的劣化评定结果和锈蚀检查的等级评定结果而定；小修小补可由执行部门自主决定，大面积修补及重涂，需由执行部门报请上级主管部门审定批准。

（5）涂膜的维修应遵守下述基本原则：

①钢构件锈蚀等级为 1 级、钢丝锈蚀等级为 1 级、涂膜劣化等级为 1 级者，不进行维修，只进行日常养护。

②钢构件锈蚀等级为 2～3 级、钢丝锈蚀等级为 2～3 级、涂膜劣化等级为 2～3 级者，应进行不同程度的涂膜局部修补。

③钢构件腐蚀等级为 4 级、钢丝腐蚀等级为 4 级、涂膜劣化评定等级为 4 级者，应考虑大面积修补及重涂。

2.主缆系统涂膜的养护及维修

（1）涂膜养护。在涂膜寿命期前 5 年之内或锈蚀和涂膜劣化评定为 1 级时，涂膜只需养护而不需维修。

对主缆系统的涂装是为了防止主缆系统构件的锈蚀，因而对涂膜的养护即是对主缆系统的养护，是养护维修工作的重要部分。日常养护工作虽然简单，但对于保证正常使用寿命却非常重要。

应经常清除构件上积灰和油污，尤其是海洋大气下的积尘含有大量盐粒子，具有极强的腐蚀性。

保持主鞍室不漏水，除湿机保持正常运营且湿度在 40%～50% 以下。

保持散索鞍防水罩良好密封，以及散索鞍前墙不开裂、不漏水，无雨水沿主缆流入散索鞍及索股。

锚室无漏水、积水，保持锚室除湿机正常运转，湿度在 40%～45%以下。

（2）涂膜局部修补。当主缆系统的防护涂装寿命在 5 年以上、10～12 年以下时，锈蚀评定和涂膜劣化评定等级均在 2～3 级时，涂装的维修只限于局部范围，属于维护性涂装。

涂膜局部修补和重涂一样，需采用与本桥成桥时相同的材料和工艺。

对于涂膜局部范围粉化、起泡、开裂和脱落等现象，手动清除损坏区域疏松涂层至未损坏涂层边缘，并于未损区制成 50～80 mm 坡口。在相应处涂相应底漆、中间层和面漆，最后一道面漆应盖过全部修补区。

对于已生锈的表面，用平动工具清除涂层至良好结合涂层区，钢表面处理至 St3 级除锈等级，未损区边缘也制成 50～80 mm 坡口。然后涂底漆、中间层和面漆，最后一层面漆覆盖面积可以更大些，盖至修补范围以外。如原底层是热喷涂铈层，此时可用二道环氧富铈涂层代替。

涂膜在 10～15 年以上时，基本接近或达到寿命期，或涂膜劣化达到 4 级或锈蚀达到 4 级，应当考虑报请上级批准，将主缆系统重新进行防护涂装。重涂的工艺、材料和质量要求，与本桥成桥时相同。

3.主缆系统的维护

（1）主缆缠丝修复。主缆缠丝连同其上涂装后，是主缆防护的最外层，直接承受腐蚀介质的作用。主缆缠丝的破坏，意味着涂装层的破坏及失去主要防护能力，发现缠丝严重锈蚀或断裂应及时修复。

缠丝更换及修复工艺：

①除去废弃缠丝前，在维修段两端保留缠丝处 2～3 圈，采用铜火钎焊固定，火钎焊温度低不致影响缠丝下的主缆钢丝。火钎焊要有足够长度并保证质量良好，然后剪除待换缠丝；清洁主缆钢丝表面。

②涂底漆，涂腻子。

③重新缠丝，再将新缠丝的头尾 2～3 圈用铜火钎焊固定；缠丝拉力不低

于 2 kN；缠丝表面清洁处理。

④按主缆原涂装工艺复原涂装层。

⑤局部更换缠丝可采用吊篮，当大范围重新缠丝时，需架施工猫道。

（2）索股维修。目前悬索桥主缆挤缆、缠丝、涂装的防护体系，自美国的布鲁克林桥开始应用以来，已有 100 多年的历史。长期的实践表明，主缆钢丝除腐蚀外，尚有下述病害：断丝、鼓丝、腐坑削弱以及由于长期腐蚀介质作用导致材质失去塑韧性。鼓丝实际是断丝的表现，断口就在鼓出钢丝的不远处。这些变化均会使钢丝失去承载能力。断丝和鼓丝多发生在锚室内散索鞍以后。主缆维修时除单根钢丝拼接外，甚至有整束索股重新拼接，如美国于 1909 年建成的曼哈顿桥。

（3）断丝拼接。先将断丝处丝股绑扎松开，拉出断丝两端头，剪除两端头部分受损段，再剪一段新钢丝，长度大于剪掉段。处理接头部分：磨掉锈蚀铸层，去油污，以套筒挤压接头与一端相接；处理另一端钢丝接头部位，拉紧钢丝至规定拉力，剪除多余钢丝，以套筒挤压连接接头，复位钢丝并扎紧索股。这种带有内壁螺纹的套筒，国产及进口产品，挤压连接后承载力均能达到 90%以上。

（4）主缆线型变化。主缆线型变化，如下挠变大，需经多次春、秋相同气温下无活载时测试复核确认，再研究其发生下挠的原因。一般这种情况的发生原因多为主鞍座偏移，主塔非中心受压产生向主跨河向附加弯曲。治理办法：封闭交通，解除主鞍的锁定，中跨减荷（如更换铺装），边跨加载，使主鞍移向边跨，恢复至要求位置再锁定。这种处理需经设计和施工周密计划安排后实施。

如主缆断丝较多，应经计算后降低荷载等级，或加固，或更换主缆。

①主鞍及散索鞍的维修。主鞍和散索鞍锚栓、鞍槽口拉杆螺栓及其他固定螺栓和对合螺栓等松动者，采用扭矩扳手或张拉千斤顶恢复至设计预拉力；及时更换已开裂或断裂者；锚栓断裂，可在座板下斜向凿去部分混凝土，取出旧锚栓，更换新锚栓。由于这些螺栓多为中碳素钢或合金结构钢并经调质处理，

不宜焊接修复。修复后应进行涂装处理，涂装按原桥涂装方案及工艺进行局部修补。

对于全铸、全焊或铸焊的鞍座局部出现裂纹者，首先应采用探伤方法查清裂缝部位、形状、深度和产生裂缝的原因，经研究可采用钻孔止裂、磨除、补焊等方式；当较严重裂纹出现在鞍索板根部和散索鞍摇臂下部，并不断发展以致无法修补和修复时，只有更换鞍座才能解决问题。更换散索鞍时在原散索鞍两侧设临时鞍座，然后更换新鞍座。施工应在无活载下进行。施工过程中不能损伤主缆钢丝，发现索股断丝应予以修复。恢复原高程后，按要求做好防护涂装工作。

②走道扶手缆绳内力调整和更换。若走道扶手绳松弛，可采用导链葫芦张紧，然后拧紧固定螺母；扶手柱弯曲、扭曲应予以更换。扶手绳严重锈蚀，断丝较多，影响检修人员扶握时应予以更换。拆除旧扶手绳时应分段、分批解除扶手绳立柱上连接，再解除下锚头，将其放至桥面检修道上，再解除上锚头，系以拉绳缓缓放至桥面检修道上。

按原扶手绳无应力长度制锚，并按拆除的逆过程先使锚头（先上，后下）就位，以导链分批吊起就位并将其固定于扶手柱上；先挂绳的1/2点，后挂绳的1/4点和3/4点……再依次起吊直至全部完成。

锚室内索股锚固系统的主缆索股锚头锚固在型钢拉杆、圆钢拉杆横梁或眼杆拉杆横梁上，这些构件多为含碳量较高的碳素钢或合金结构钢，且截面均较为粗大，型钢则为一般低碳或低合金钢轧制构件。正常的维护是保持锚室干燥和构件涂装完好。一旦发现焊缝处、眼杆处、螺纹根部等出现裂纹，则首先应探伤确认其性状和原因，再经业内专家研究处理。型钢可放松索股，按特许程序补焊，然后将索股锚固至设计拉力；眼杆、圆钢拉杆则只能更换，更换程序也需经业内专家研究决定。

（三）吊索系统的养护与维修

1.吊索系统防腐涂装的维护

对于钢丝绳索体，吊索维护一般采用与主缆相同的涂装材料。涂漆前钢丝绳内槽应以腻子填平。对于维护性修补，可采用该桥原涂装配方。对于平行钢丝或钢绞线索，一般采用高密度聚乙烯套管，当套管破裂时，可采用热压成型修补。

索夹及眼板螺栓等部件涂装一般采用锚板、鞍底相同配方，总干膜厚一般在 250 μm 以下。吊索系统涂装维护前应将干裂脱落的腻子敲掉重新抹平，再按涂膜检查评定的结果，进行维护涂装或重涂，参见主缆涂膜维护内容及相应规范规定程序及工艺。

2.吊索、索夹及高强度拉杆更换

吊索更换。出现下述情况之一时，应当更换吊索：索股严重锈蚀已削弱截面达 5%以上；断丝率超过 5%；吊索锚头中有明显拔出迹象；眼板及相连部位有裂纹扩展。

索夹更换。出现下述情况之一时，应当更换索夹：索夹已严重锈蚀；夹壁开裂；索夹眼板开裂。

更换吊索和索夹时，可在被更换吊索或索夹的两侧，解除主缆缠丝，并安装临时索夹和临时吊索。在临时吊索下端可根据实际情况制造并安装临时吊索吊点。

在正式施工前，应准确测试线型及高程，了解设计吊索力和竣工吊索力，以便将新吊索或索夹恢复至原吊索的拉力或高程。吊索长度需按原吊索长度下料制作。如更换索夹，拉杆螺栓要按原设计值张拉到位，并于一月、半年、一年和三年时检查复张拉。

（四）锚碇及锚碇室的养护与维修

1.锚室除湿系统的养护维修

除湿系统应由经过培训的专门人员进行操作及养护维修。

（1）日常维修内容包括：系统各部件的检查、清洁、润滑、易损件更换、故障查找及排除等。

（2）主要设备包括：配电盘、鼓风机、电动机、过滤器、阻尼器、除湿组件及温湿度显示记录系统等。

（3）要求：系统正常运转，年度相对湿度小于45%。

2.排水沟断裂、山水无组织排溢、边坡破坏等

修复排水系统或重新设计有组织排水系统，将水引离锚碇；以石块、钢丝笼等填实塌陷及冲洞，并灌水泥浆填实，然后在其上修筑排水沟槽系统。

3.锚室顶盖开裂、四壁开裂渗漏

首先，应将裂纹按宽度大小进行灌浆或封闭处理。同时，应分析水的来源，断绝水源，用碳纤维布加固顶盖或在顶盖上面加铺柔性防水层。

4.混凝土腐蚀防护

处于海洋大气及海水飞溅水位变动处，混凝土易遭到严重腐蚀，甚至出现松软腐蚀洞穴的防腐处理：

首先将松软面层凿除，并清除尘渣，以防水混凝土或防水砂浆修平。必要时进行飞溅面防腐涂装。涂装材料及厚度如下：

底层：环氧树脂封闭漆；面层：聚氨酯焦油沥青漆。要求寿命20年时可取干膜总厚500 μm；10年时取干膜厚300 μm。

二、斜拉系统的养护与维修

根据第一年的运营、检查与观测结果，可在下述几方面做出下一步养护及维修计划。

（1）经过高温及低温季节后和一年的运营，PE（polyethylene，聚乙烯）管有无硬化开裂、预埋钢管有无漏水等；无材质性硬化和开裂则继续观测；对PE层机械损伤进行热成型修补，修补采用与实桥相同材质的片材，局部电热成型。

（2）如有明显的风雨振动发生，应设置外置式减振器。通过计算数据和观测数据可确定哪几根索必须设置外置式减振器。对于大跨度斜拉桥斜拉索，索长、直径大，自振频率低及阻尼小，可在成桥初即根据计算数据，设置外置式阻尼器。

（3）判断线型与索力实测数据是否在温度正常影响范围内。画出曲线，标明温度，作为以后养护依据。对于索力超出 10% 的，应进一步查明原因。如有异常，经慎重研究后方能进行索力及主梁高程调整。

（4）制订较长远维修养护计划并按计划实施，其要点为：

①PE 护层的检查、修补或更换。

②水、气泄漏位置的检查处理，主要集中检查下部预埋筒、锚固系统。

③内置式、外置式阻尼器检查维修。

④索力与线型检查与调整。

⑤钢件锈蚀检查及维护性涂装。

⑥拉索钢丝断丝检查及处理。

⑦塔梁部位钢锚箱裂缝检查和处理。

⑧部分或全部斜拉索更换。

（5）拉索系统病害处理工艺如下。

①拉索的养护。

a.拉索两端的锚具及护筒应经常保持清洁和干燥。塔端锚头若漏水、渗水应及时用防水材料封堵，梁端锚头若漏水、积水应及时将水排出并封堵水源。

b.定期更换拉索两端锚具、锚杯内的防护油。

c.定期更换钢护筒与套管连接处的防水垫圈及阻尼垫圈，做好搭接处的防水处理。

d.定期对索端钢护筒做涂漆防锈处理。

e.若拉索护套出现开裂、漏水、渗水等现象，应及时处理。可剥开已损坏的护套，将已潮湿的钢索吹干，对已生锈的钢索做好除锈处理，再涂刷防护漆及防护油，并用玻璃丝布或其他防护材料包扎严密。

f.斜拉索的减振装置要保持正常工作状态，发现异常或失效要及时维修。

②护套更换。

a.护套更换确认。护套已老化开裂并环状断开失去防护功能；经检查钢丝劣化等级在 1、2 级，未见 3、4 级腐蚀和断丝。

b.于无雨、露、雾天气剥除外护套；干燥处理，修补局部破损缠包后，缠包橡胶防腐带。缠绕时加适当拉力（伸长 3%），重叠 50%，在 24 h 内加热成型。

c.端部密封处理。

③下锚护筒防水处理。

a.取掉拉索下锚筒上端护罩，解除内置式减振圈，排干积水，清除油污、杂物、泥土等。必要时可在筒底前低处设置排水孔。

b.利用加长喷头高压射水清洗筒壁及筒底；利用热的高压风干燥筒的内部。

c.确认彻底干燥、清洁后，进行聚氨酯泡沫塑料填充施工，发泡视不同情况可选择 1~3 次，高度至减振圈，修整后安装内置式减振圈，恢复上部密封盖。卸掉后盖帽或不锈钢保护罩，清理、干燥后复原并重新注油。

④斜拉索钢丝断丝或锈蚀无损检测。

由具有该项技术资质的单位以斜拉索断丝和锈蚀检测装置进行。该装置沿斜拉索爬行走过一次，能给出断丝位置、数目以及锈蚀的位置。

⑤换索。

a.对因钢索、锚具损坏而超出安全限值的拉索应及时进行更换。

b.对索力偏离设计限值的拉索进行索力调整。张拉的顺序、级次和量值应按设计规定进行，并测定索力和延伸值，同时进行控制。

c.拉索的更换按改建工程进行，应对各技术方案的经济合理性进行分析比选，确定安全、简便的施工方案。竣工后必须对全桥斜拉索的索力和主梁高程进行测定，检验换索效果，并将其作为验收的依据。

（6）斜拉索钢锚箱裂缝处理工艺如下。

在斜拉桥桥塔及主梁采用焊接钢锚箱的，在拉索荷载幅的作用下，焊缝及构造处理不当处在应力峰值点可能出现疲劳裂纹。首先不应采取随意补焊措施，而应采取止裂措施，即以裂纹尖端为钻头，在其中心点钻一个直径为 8～12 mm 的圆孔，将裂纹尖端钻掉，使天然裂纹尖端的应力集中变为 8～12 mm 圆孔的状态，使峰值得到缓解，再继续观察其发展状况，不进一步扩展就可以不再进行处理。如果裂纹在焊缝处，可由合格焊工采用碳弧气刨将带有裂缝的焊肉全吹掉，不能留有裂纹的"极"和"尖"并向两边延长 50 mm，再制成 1：5 的斜坡。也可以其他机械方法清除。以砂轮磨掉氧化皮及尖锐部分，使其露出金属光泽。补焊应于无活载、无风、气温在 10℃ 以上的条件下进行。焊缝质量检查要求同钢梁制造。同一处处理不宜超过 2 次。如果裂纹已进入母材很长，也不能随意补焊，应经专家慎重研究分析，再进行相应处理。

三、桥塔的养护与维修

无论是悬索桥的桥塔还是斜拉桥的桥塔均是索的支撑构件。维护塔的正常技术状态，对保证桥的正常运营非常关键。

（1）经常性保养与维护，保持主鞍室内斜拉索锚固区内清洁、无油污及尘垢、无杂物和积水；主鞍座、附件及锚螺栓、连接螺栓无松动、无断裂、无锈蚀；斜拉桥钢锚箱无裂纹，拉索锚头、大螺母及钢工作平台等无锈蚀；对油漆局部破损及时修补。塔内升降梯、照明、通风设备及其他设备及标志完好无缺。

（2）主塔混凝土结构部分应无裂纹，尤其是斜拉桥桥塔的索锚固区、塔的横梁部位。当发现裂纹时应详细记录裂纹部位、走向、宽度及深度，必要时请专家分析裂纹产生的原因，对大于等于 0.2 mm 的裂纹采用压注环氧胶液，小于 0.2 mm 的裂纹采取封闭处理。裂纹涉及结构受力时应深入分析，检测混凝土强度，进行承载力检算。必要时应进行线型检测和荷载试验。

（3）主塔沉降及倾斜检测，应每 2～3 年进行一次，连同主梁线型一起，并制成曲线图，与竣工时高温及低温时测试数据比较，以判断是否在正常范围之内。

（4）检查悬索桥主塔鞍座是否偏离，若发现偏离竣工位置，需同时进行线型检测。

（5）遇到强台风、地震以及受到船舶强烈撞击以后，应进行桥塔的全面检查。

（6）悬索桥主鞍座及构件，如发现斜拉桥拉索钢锚箱裂纹在发展，不得随意补焊，可以先采用直径为 6～8 mm 钻孔止裂，钻孔必须钻焊裂纹尖端部分。如裂纹不进一步发展，就可以不再做进一步处理。如发现裂纹进一步扩展，要经业内专家研究，采取合适的加固方案。由于鞍座、锚箱均为承受巨大集中力的结构，此种修补需十分慎重，封锁交通甚至考虑进一步卸载。焊补时气温要高于 10℃，先计划好气刨刨去的范围和深度，研究补焊程序，并由合格的焊工实施。最好用热量较小的 CO_2 气体保护焊，焊后控伤。补焊最好一次完成。构件较大、较厚时，应考虑质热。此后的运营中仍需观测该处是否有新裂纹产生。

（7）塔身、承台混凝土劣化、保护层脱落等缺陷的处理工艺如下。

混凝土水化反应产生过饱和 $Ca(OH)_2$ 溶液，形成较强的碱度，pH 值在 12.5 以上，钢筋在此状态形成一层致密的碱性钝化膜，对锈蚀呈惰性状态。大气中 CO_2 与游离 $Ca(OH)_2$ 反应使混凝土中性化，即 pH 值为 8.3。钝化膜消失，钢筋开始锈蚀。严重时钢筋锈层膨胀，使保护层脱落，如此时有氯离子存在，会进一步提高钢筋锈蚀程度。混凝土的中性化，即碳化失去耐久性导致混凝土破坏、钢筋锈蚀。

桥塔设计之初应加保护涂层，最初考虑不够或涂层失效的应采用"亡羊补牢"的措施重新涂装。涂装前对裂缝及破损处进行处理。对于环氧树脂细石混凝土或环氧砂浆而言，基层可不用黏胶剂，对普通混凝土类修补需在各面涂加黏胶剂增强。

施工应由具有该项工作资质的单位和个人进行，如需防腐寿命保持在 20 年，需进一步设计 500 μm 或以上的涂层厚度。对于局部缺陷，也可采用碳纤维布包裹的方式进行处理。

四、悬索桥的加固方法

（一）减少悬索桥竖向变位的加固方法

（1）设置中央构件，把加劲梁与主缆索在跨中连接起来。

（2）把直吊杆（索）改为斜吊杆（索）或交叉斜吊杆（索）。

（3）增加斜拉索以改变结构受力体系，斜拉索可设在主跨 1/4 跨径区段，并妥善解决斜拉索与加劲梁及索塔的锚固，同时应注意解决索塔的受力平衡问题。

（二）减少悬索桥横向摆动的加固方法

（1）在桥两岸的上、下游对称增设侧风缆，风缆锚固于悬索桥的加劲梁上，锚固位置可选在 1/4 跨至跨中之间。

（2）在桥的上、下游各架设一根跨河钢缆，其高度可略低于桥面，用钢丝绳将加劲梁与过河钢缆作多点连接，适当张紧形成抛物面网络。

（3）加强加劲梁的水平风撑，加大横向刚度。

（三）主缆垂度调整

对采用少量索股的悬索桥，结构条件许可时才可对主缆的垂度进行调整。

先将要调整的主缆一侧的恒载卸载，放松索夹，用卷扬机或其他张拉设备逐股张紧主缆索索股，再用调整索股端头的螺杆固定。

（四）索鞍座复位

当索鞍座偏移超出设计允许值时，可用千斤顶将辊轴归位。

（五）锚碇及锚室加固处理

对于锚碇及锚室结构的开裂、变形，应及时查明原因，并进行加固处理。针对锚碇板开裂，可增补钢筋混凝土锚碇板，支撑开裂或破损可增加型钢支撑，若锚室发生变形、位移，可用增加压重等方法处理山体。

191

参 考 文 献

[1] 常磊.基于PDCA理论的山区高速公路桥梁养护施工现场管理优化策略 [J].交通世界，2022（25）：158-160.

[2] 陈锋.基于公路桥梁养护及维修加固施工技术分析[J].城市建设理论研究 （电子版），2023（07）：122-124.

[3] 程浩，汪开喜.桥梁信息化监测在公路桥梁养护中的应用：以董铺水库大 桥为例[J].中国建设信息化，2022（18）：64-66.

[4] 范薇.加强公路桥梁养护与维修加固的措施研究[J].科技创新与应用， 2022，12（21）：111-114.

[5] 冯志强，杨芸，程坤.基于信息融合技术的公路桥梁检测评价方法研究[J]. 河南科技，2022，41（07）：95-98.

[6] 高建新，王治国.公路桥梁施工技术管理及养护措施[J].运输经理世界， 2022（13）：103-105.

[7] 高鹏.公路桥梁养护管理与危桥改造技术要点[J].科技与创新，2022（08）： 101-103，107.

[8] 厚龙宝.公路桥梁养护维修中裂缝成因的分析及处治措施[J].科学技术创 新，2022（24）：109-112.

[9] 焦阳.公路桥梁荷载试验检测在桥梁养护中的作用和对策[J].建筑技术开 发，2022，49（02）：109-111.

[10] 李军.公路桥梁养护施工中安全隐患及措施研究[J].新型工业化，2022， 12（03）：92-94.

[11] 丽娜·叶尔扎提.新疆高速公路预防性桥梁养护专项研究[J].工程机械与 维修，2022（04）：216-218.

［12］林秋生.普通公路桥梁养护与病害处理措施[J].运输经理世界，2022
（11）：118-120.

［13］刘凤伟.公路桥梁养护及维修加固施工技术研究[J].工程建设与设计，
2022（12）：216-218.

［14］刘富海.高速公路桥梁养护与维修加固研究[J].工程技术研究，2022，7
（10）：152-154.

［15］刘光.高速公路桥梁养护与维修加固施工技术研究[J].工程建设与设计，
2023（06）：216-218.

［16］刘佳.公路桥梁养护与维修加固技术的应用分析[J].工程技术研究，
2022，7（12）：252-254.

［17］刘林平.加强公路桥梁养护与加固维修措施研究[J].运输经理世界，2022
（36）：117-119.

［18］刘银超.公路桥梁养护及维修加固施工技术分析[J].科技创新与应用，
2022，12（35）：193-196.

［19］彭新益.高速公路桥梁养护与加固维修施工技术研究[J].交通世界，2022
（Z1）：55-56.

［20］钱雪峰.芜雁高速公路桥梁主墩盖梁病害维修加固[J].黑龙江交通科技，
2022，45（10）：91-93.

［21］秦崇良.陇南地区公路桥梁养护与维修加固施工[J].黑龙江环境通报，
2022，35（04）：144-146.

［22］沙振.公路桥梁养护精细化管理应用[J].运输经理世界，2022（01）：140-
142.

［23］宋军，宋钢.高速公路桥梁冬季养护的可行性建议[J].北方建筑，2021，
6（06）：55-58.

［24］苏颖.路桥养护与加固技术研究[J].住宅与房地产，2021（34）：218-219.

［25］孙恒.BIM技术在高速公路桥梁养护综合管理中的应用[J].交通世界，
2021（36）：6-7.

[26] 孙俊杰. 公路桥梁养护与维修加固施工关键技术分析[J]. 交通世界，2022（24）：45-47.

[27] 王善巍，苏和，潘永杰，等. 基于数字化技术的装配式桥梁安全监测管理研究[J]. 内蒙古公路与运输，2022（05）：46-48，56.

[28] 吴宁. 公路桥梁养护与维修加固施工技术研究[J]. 工程技术研究，2022，7（09）：56-58.

[29] 伍仕军. 山区农村公路桥梁建设与养护探讨[J]. 交通建设与管理，2022（03）：94-95.

[30] 严伟铭，卢虹李. 公路桥梁养护中的病害检查及防治措施[J]. 交通建设与管理，2022（01）：100-101.

[31] 杨航. 微型无人机在公路桥梁养护检测工程中的应用[J]. 数据通信，2022（04）：52-54.

[32] 杨航. 信息化监控技术在公路桥梁养护中的应用[J]. 数据通信，2022（02）：52-54.

[33] 杨杰. 精细化管理在公路桥梁养护管理工作中的应用[J]. 中国高新科技，2022（21）：98-99.

[34] 张晓明. 新形势下公路桥梁标准化养护探析[J]. 中国标准化，2022（24）：216-218.

[35] 张鑫. GIS＋BIM 技术在营运高速公路桥梁养护管理中的作用分析[J]. 工程建设与设计，2023（01）：141-143.

[36] 朱春艳. 公路桥梁养护中的病害检查及防治举措探究[J]. 中华建设，2022（08）：65-67.

[37] 朱亮. 公路桥梁工程养护监测系统建设[J]. 交通世界，2022（26）：15-17.

[38] 祝永胜. 贵州省农村公路桥梁安全风险评价体系研究[J]. 中国设备工程，2022（12）：9-11.